Weimarer Verhältnisse?

Historische Lektionen für unsere Demokratie

ナチズムは再来するのか?

民主主義をめぐるヴァイマル共和国の教訓

アンドレアス・ヴィルシング, ベルトルト・コーラー, ウルリヒ・ヴィルヘルム［編］
板橋拓己・小野寺拓也［監訳］

慶應義塾大学出版会

Weimarer Verhältnisse? Historische Lektionen für unsere Demokratie
by Andreas Wirsching, Berthold Kohler, Ulrich Wilhelm (Ed.)

Published by arrangement
through Meike Marx Literary Agency, Japan

まえがき

ナショナリズムの復活と右翼ポピュリズムの成功によって、民主主義の基盤と危機をめぐる新たな議論が始まった。伝統ある西洋の民主主義諸国においても、自らが拠って立ち、つい最近まで受け入れられていた政治的な基本合意《コンセンサス》が、もはやそれほど自明のものではなくなっている。そしてドイツでここからすぐに連想される歴史といえば、ヴァイマル共和国である。ここドイツでは、ヴァイマル共和国の没落が、民主主義の喪失という劇的な歴史的経験となっているのだ。とはいえ、「ヴァイマル状況」[†1]〔現在のわれわれが置かれている状況は、ヴァイマル共和国の状況に似ている〕といった場合、何が本当に問題となっているかは、決して明瞭ではない。ヴァイマルはどれくらいわれわれの時代と類似しているのだろうか？　いかなる歴史的経験があり、そこからわれわれは現代のためにいかなる推論を導き出せばよいのだろうか？

こうした問題や省察が本書の出発点であり、二〇一七年初頭に編者のあいだで対話を重ねてアイデアを発展させていった。喜ばしいことに、このテーマに関する正真正銘の専門家たちが本書への寄稿を快諾してくれた。検討されるテーマは、政治文化〔第1章〕、メディア状況〔第3章〕、政党システム〔第2章〕、有権者のプロフィール〔第4章〕、経済状況〔第5章〕、国際環境〔第6章〕である。くわえて、外国からのまなざし〔第7章〕を補完することにした。本書に収められているのは、二〇一七年四月から七月までバイエルン放送〔BR〕でラジオ放送され、かつ『フランクフルター・アルゲマイネ新聞』〔FAZ〕に掲載された原稿に加筆修正したものである。[†2]

われわれ編者は、本書刊行に迅速に対応してくれた寄稿者たちとレクラム出版にまず感謝申し上げたい。また、企画を実現するにあたって協力・支援を惜しまなかったダニエル・デッカーズ（FAZ）、アンケ・マイ（BR）、ジモーネ・パウルミヒル（現代史研究所）にも感謝したい。ドイツの最初の民主政が誕生してから一〇〇周年を機に、本書が多くの読者を得ることを願って。

アンドレアス・ヴィルシング
ベルトルト・コーラー
ウルリヒ・ヴィルヘルム

†1　『ヴァイマル状況？（*Weimarer Verhältnisse?*）』が原書のタイトルである。

†2　新聞掲載時の原稿は、以下のミュンヘン現代史研究所のサイトから閲覧可能である。https://www.ifz-muenchen.de/aktuelles/themen/weimarer-verhaeltnisse/〔二〇一九年四月一日閲覧〕

目　次

〈凡例〉

一、原文の（　）は訳文でも（　）とした。〔　〕は訳者による補足である。

二、各章末には、訳者による注を付した。

第1章〈政治文化〉理性に訴える

　ある幽霊がドイツ人の議論に忍び込んでいる。「ヴァイマル状況」という幽霊である。それは、歴史の物置のなかに永遠に仕舞い込まれたと思われていたものだった。われわれのデモクラシーは不安定化しているのだろうか？　挫折したヴァイマル共和国と同様の危険が差し迫っているのだろうか？　極右の成功が目前に迫っているのだろうか？　これらは、とうの昔に回答済みに思えた古い問題が、装いを新たにして登場したものだ。というのも、ボンはヴァイマルではなかったし、現在のベルリンもけっしてヴァイマルではないからである。[†1]しかし実のところ、長きにわたってドイツ連邦共和国は、自らのデモクラシーの安定をたしかなものにするために、ある種のネガティヴな引き立て役を必要とした。ヴァイマルは、デモクラシーの権力喪失と自己放棄についての典型的な教材だったのである。遅くとも一九八九／九〇年の東西ドイツ統一ののち、このヴァイマル像は意味を失った。伝統が成熟し、市民社会の基盤が安定したことによって、そしてまた、まったく新しいグローバルな挑戦によって、ヴァイマル共和国の歴史はその歴史的・教育的な機能を喪失したのである。ドイツのデモクラシーは、自らの政治的な正統化のために、もはやヴァイマルの歴史を必要としなくなったように思えた。

しかしここ三年ほど、誰もがヴァイマルについてふたたび語り始めた。伝統的な確信が疑問にさらされ、新たな不安が生み出される時代において、「ヴァイマル状況」が恐怖をかき立てるイメージとなったのである。有権者と統治者とが、あるいは人民とその代表とが、ますます疎遠になっているようにみえる。「人民の裏切り者（Volksverräter）」や「嘘つきメディア（Lügenpresse）」といった言葉〔いずれもナチが用いた言葉〕が暗い記憶を呼び覚ましている。

とはいえ、こんにちヴァイマルが言及されるとき、それが実際のところ何について語っているのかは、それほど明瞭ではない。それゆえ求められているのは、歴史が伝える危険はいかなるもので、それに対してわれわれはどのように備える必要があるのか、そして、過去の幽霊のどれをわれわれは実際に歴史の物置へと追いやることができるのか、といった問いの答えを十分に明らかにするような、歴史学にもとづく専門調査である。本書に収録された論考は、こうした批判的な調査に取り組むものである。対象となる問題は、経済状況〔第5章〕、政党システム〔第2章〕、メディア〔第3章〕、有権者行動〔第4章〕、国際関係〔第6章〕、そして外国からのまなざし〔第7章〕である。

これらはどれも歴史研究の重要なテーマであり、そのいずれもヴァイマル共和国がなぜ崩壊したかの重大な理由を含んでいる。一九三三年の出来事〔ヒトラーの政権掌握〕について唯一の原因を求めることは無茶な試みであり、誤解を招くだろう。くわえて、なぜヴァイマル共和国が最終的に右からの攻撃に屈したのかについては、研究者が「政治文化」と呼ぶものを考察することなくして説明することはできないだろう。そこで、当時と現代における同時代人ないし有権者たちのイメージ世界と思想的態度について、若干の考察を加えていこう。

図1-1 「嘘」。ラインハルト・シューマン作のポスター、1920年。

ヴァイマル共和国の政治文化の際立った弱点は、社会が多元的であることの正統性に対する根深い不信である——それは、分裂した「政党国家（Parteien-staat）」としてヴァイマル共和国を激しく拒否するような態度にみてとることができる。逆にこうした態度は、統一性へのイメージを喚起するが、それもまた議会政治の実践にマイナスの影響を及ぼした。というのも、多くの政治家の理想が、諸政党から超越した（ようにみえる）政府という考えにとどまったからである。そうした理想の模範は大連立、すなわち社会民主党から、〔かってビスマルクを支えた〕国民自由党の後継政党であり、大工業家に支えられたドイツ国民党（ＤＶＰ）にいたる連立政権だった。しかし、こうした理想は諸政党に過大な妥協を要求し、大連立が議会制の規範として高められれば高められるほど、ヴァイマル共和国の議会制の機能不全に寄与してしまうことになった。さらに有害なのは、こうした根底にあった態度が、共同体《ゲマインシャフト》イデオロギーにとりわけ傾きやすかったことである。このイデオロギーは、共同体の攪乱者や敵さえ排除すれば、国民《ナツィオーン》の統一性は達成されると主張するものであった。

こうした考え方の蔓延は、政治的極端主義を助長し、デモクラシーを危険にさらした。歴史がわれわれに教えるように、たとえば経済的苦境のみが政治的急進主義の原因というわけでは決してない。しかし、経験可能な世界と自らの実情とのあいだの不一致が大きくなると、怒りや抗議の念、除け者にされているという感情、自分は「エスタブリッシュメント」の犠牲者であるという感覚が生じる。そうした感情は、デマゴーグや扇動者たちによって利用され、強められ、上に対する激しい不満の波を引き起こす。

これが、いま話題のポピュリズムの仕組みである。ポピュリズムについては、次のように厳密に定義する必要があろう。ポピュリストたちは、民主主義社会の政治的・社会的および文化的な多様性を拒否する。彼らは、憲法に則って表明される政治的意思とはまた別に、もうひとつの、「真の」、「本来の」、統一された人民《フォルク》が存在すると主張し、彼らこそがそれを代表しているのだと——偽りを

——申し立てる。それゆえ、ポピュリストたちの言語はつねに人民を志向しているものの、似非民主主義的なものである。自分たち以外の人びとの意見、生活様式、そして民主主義的な決断を否認するからである。ポピュリストは、複雑な現実を政治の出発点にすることを拒否する。その代わり彼らは、現代社会の紛争を似非道徳的な厳格主義のカテゴリーに押し込める。この厳格主義を突き詰めると、罪人と犠牲者しか存在しない世界となる。経験と理性にもとづいた多元主義的な世界像に代わって、友敵対立の世界像が立ち現れるのである。

　このように定義されたポピュリズムは、政治的に急進的なものであり、政治的極端主義との境界線は曖昧なものとなる。その点でいえば、政治的な「エスタブリッシュメント」に対する憎悪のレトリックは、あらゆるポピュリスト的および右翼急進的な潮流の基本的な武器である。

　このように政治的な議論を友と敵の対立に単純化するやり方は、複雑さを増し、匿名の勢力に支配されているようにみえる世界においては、つねに魅力的なものとなる。そして、そうした近代《モデルネ》に特徴的な認識のかたちや矛先は、具体的な文脈や状況で変化する。市場の影響力が重要な場合もあれば、国家間の権力体系の影響が重要なときもあるし、資本や労働運動といった社会勢力も関係しうる。共通しているのは、それら市場や国際システムや社会勢力などが抽象的で得体のしれないものにみえること、しかしその影響力は紛れもなく具体的なものであり、不安を引き起こすことである。

　抽象的なものを単純なスローガンで説明し、具体的な苦境について具体的な責任者を名指しする

図1-2 「戦場では負けていない」――1924年の国会選挙におけるドイツ国家国民党（DNVP）の反社会民主党（SPD）および反中央党のキャンペーン。

ような、責任転嫁への欲求が高まる局面・情勢は、歴史上繰り返されてきた。われわれはそれを、たとえばフランス革命の歴史や、一九〇〇年前後のヨーロッパ史から知ることができる。そうした歴史においてはたいてい多くの事態が重なりあって生じるが、それらはしばしば政治的・文化的なアイデンティティ形成とかかわっている。強固な自己認識としてのアイデンティティは、何かに所属しているという感情を抱くことを可能にするものであり、自己を取り巻く環境と有益な関係を結ぶための決定的な前提条件である。しかし政治的・文化的な大変動の時代においては、方向感覚が次第に失われ、伝統にもとづいた確実性が霧消する。こうなると、既存のアイデンティティが文化的な変動にさらされる一方で、新しいアイデンティティはいまだ根付いていないか、新たに創り出されねばならないものとなる。ここで、脅かされているというシナリオが登場する。アイデンティティの不安定さに、経済に起因する社会的立場の不安定さが付け加わるとき、政治的急進主義の主要な歴史的条件が揃うこととなる。

ドイツでは、すでに第二帝政時代〔一八七一〜一九一八年〕から、アイデンティティは、宗派の分裂、遅れた国民《ナツィオーン》形成、深刻な社会的対立、世界政策への誘惑によって刻印され、不安定で壊れやすいものであった。さらに第一次世界大戦後、多くの犠牲を払ったにもかかわらず、過去の厄介な確信――国民的な権力国家、登りつめた繁栄、国際的な威信――が突然消滅した。そして一九一八／一九年の革命は、貴族およびブルジョアのエリート層から、彼らのアイデンティティの拠りどころであった君主制を奪った。また革命は、彼らが脅威と感じていた労働者運動に水門を開いたようにみえた。労働者運動は、「マルクス主義的」、「ボリシェヴィズム的」、あるいは「ユダヤ的」といった烙印を押され、それと同時に交戦国に対してドイツ人を無防備にしたと思われた。

これらの思い込みはすべて、現実とはほとんど関係がなかった。戦争はドイツのエリート層の大部分が望んだものだったし、実際に交戦国側が優越していたからこそ敗北したのである。革命が勃発したから敗戦したのでは断じてなく、むしろ戦争に負けたからこそ革命が始まったのである。しかし、ナショナルに考える人びとにとって、冷静かつ建設的に敗北に向き合うことは、過大な要求であった。ホーエンツォレルン家の君主制は、自らが退場することで、自身の改革能力のなさを贖った。それに対して、多数派社会民主党（ＳＰＤ）の労働者運動は改革志向であった。彼らは革命を法治国家的な方向に導こうとし、自らが左翼急進主義的な潮流に対する防波堤であることを示した。それゆえヴァイマル共和国の歴史は、深い失望と激しい認知的不協和とともに始まった。きわめて多くのドイツ人にとって、自らのアイデンティティはひどく傷つけられ、他方で新しい、共和主義的で民主的なアイデンティティを発展させるには時間を要した――そしてそうした時間は、インフレーションや世界恐慌に起因する長期的な経済的苦境によって不足していたのである。

　こうした背景のもと、急進的なナショナリズムと、自国内に仕立てられた敵への攻撃が、イデオロギー的な着地点となった。それは、大小のデマゴーグたちが、明快な友敵プロパガンダを用いて民族至上主義的《フェルキッシュ》でナショナリスティックなアイデンティティを構築し、それによって成功を収めることを可能にした。個々の集団が、自らのプロパガンダのなかで、擬制的ではあるが、統一された「真の」人民《フォルク》を形成し、それをヴァイマル共和国の憲法に則った意思形成過程と鋭く対置した。それに応じて、「他者」との憎悪に満ちた差別化も生じた。「真の」人民が体現する善、普通さ、健全さが、経験可能な世界の悪、異常、病と対置された。経験可能な世界の複雑さは、そうしたイデオロギー体系によって単純化され、同時に「説明された」。事実は否定されるか、「もうひとつの事実」に取って代わられた。その限りで、すでにヴァイマル共和国は「ポスト真実《トゥルース》」的な時代現象に対峙していたのである。

　この点でアドルフ・ヒトラーは格好の事例といえよう。一九二七年に彼は、近代の政治的・社会的世界は複雑であるという単なる言明ですら、民主主義者の悪意あるプロパガンダだとして退けた。ヒトラーはそうした言明を公的生活の人工的な「複雑化」だとして、民族《フォルク》の「自然の生存法則」や「自然の本能」をそれに対置した。さらに、ヒトラーや民族至上主義的なナショナリストたちが時代の喫緊の問題に与えた回答は、単純かつ不誠実なものだった。多くの者にとって不可解だった第一次世界大戦の敗北について、彼らは裏切りや「背後からの一突き（Dolchstoß）」という主張を用いて説明したのである。彼らからみれば、民主主義政党はどれも腐敗した一味にほかならず、議会制は人びとを欺き、議員たちの私腹を肥やすための虚偽に満ちたお飾りだった。また彼らは、リベラルな新聞を「アスファルト新聞」[†2]だとか「ユダヤ人新聞」だと罵った。グスタフ・シュトレーゼマンのような合理的で漸進的な改善をめざす外交政策の代表者は、戦勝国によるドイツ民族の奴隷化を目論んでいる国家の裏切り者だとして、中傷された。さらに彼らは、一九三〇年以来の世界恐慌は、自民族の殲滅をめざした「体制政党」のせいで起きたものだと主張したのである。

現在のわれわれの状況とヴァイマル時代の状況との違いは明白かつ顕著だろう。ドイツ連邦共和国は、長きにわたって築かれた伝統を手にしている。連邦共和国は国内外を問わず権力国家的な要求に規定されてはおらず、恐るべき独裁と戦争と犯罪の経験によって刻印されている。いまや七〇年近くにわたるその歴史は進歩の歴史として語ることができるし、多元的な民主主義が自らのアイデンティティであるという考えは揺るぎないようにみえる。旧東ドイツの領域が連邦共和国に編入されてからも[†3]、ヴァイマル共和国が存続した期間のほぼ二倍の年月が経った。それゆえ旧東ドイツ地域の住民の大部分は、すでにドイツ連邦共和国のデモクラシーに慣れ、それに適応している。

では権力問題はどうだろうか？　その点についてもまた、現在は一九一八年以降の時代とはまったく異なっている。ヴァイマル共和国では、大部分の政治エリートが共和国に対して、敵対的とはいわずとも、基本的に懐疑的だった。彼らの部屋の机の引き出しには、憲法の代替案が用意されていた。それに対して現在のドイツでは、官職や議席は民主主義者たちの手中にある。連邦や州、あるいは行政や司法の重要なポジションを占める専門家たちは、義務というよりも確信から、多元主義的なデモクラシーと結びついているのである。

では、なぜわれわれのデモクラシーの安定性について不安が生じているのだろうか。それは、主に政治的な言語の変化による。そして、この事態は憂慮すべきものだ。ここ数年で、公的に発言できることの境界線が明らかに移動した。ナショナリズム、保護主義、そして――自国の侮蔑者から守るべき――「真の」人民《フォルク》の言語を話すことができる余地が開かれたのである。こうしたプロパガンダ的な武器は、その急進性によって民主的な意思形成の基本原則を攻撃するものだが、それが影響力を増している。そして、まさにそれらが見覚えのあるものだけに、ヴァイマルの空気を現代に運んでいるのである。

もちろん、こうした現象はすべての西欧の民主主義国に当てはまる――民主主義が確立されてから間もない東欧・南東欧諸国やトルコについてはいうまでもない。この点で、戦間期との類似性が認識できよう。戦間期には、ファシズムとナチズムが、ヨーロッパにおけるデモクラシーの全般的な危機のなかで、犯罪的なまでの極端さを示していた。また、たしかな伝統の感覚が失われ、アイデンティティや地位が不安定となった新たな時代にわれわれが突入しているという徴候も、間違いなく存在する。この点も、われわれが両大戦間期から完全に遠ざかっているわけではないことを思い起こさせる。

近年、いわゆるグローバル化が、それ自体は匿名の抽象的な現象であるものの、きわめて具体的な不安を生じさせている。グローバル化に含まれるのは、世界大の金融・通商の流れ、文化の平準化、新しいコミュニケーション様式、そしてもはやほとんど統御不能な世界規模の移民の動きである。さらに、冷徹な競合や競争の掟もそこに加わるだろう。自分の職が奪われることへの脅威としてにせよ、一生訓練を続けることへの要求としてにせよ、こうした掟は、ほとんどいたるところに存在する。この競争の掟は、個人の人生計画に影響を及ぼし、グローバル化の標準音として、ほぼ丸々一世代にわたって、個人、国民、社会集団の生活の隅々にまで響き渡っている。そして、それによって生じた変化が、過去の政治的・文化的な明瞭さや経済的な安定が与えていた既存のアイデンティティを圧力にさらしているのである。他方で、たとえば国境横断的、ヨーロッパ的、多文化的な新しいアイデンティティは、いまだ十分に定着していない。経済、社会、文化にもとづく地位をめぐる不安が、その帰結である。

こうした背景のもと、見通すことが可能な単位に立ち戻ることが、きわめて魅力的なものとなった。ナショナリズムや一国保護主義が、多くの人びとの過剰な負担に対処するための最も簡単な道具となっている。第一次世界大戦後の一九一八年以降と同様に、それらが、現実世界の複雑さを克服するための、わかりやすい防御策となっているのである。ペギーダ[†4]や「ドイツのための選択肢（ＡｆＤ）」の一部、そしてそれらの「同調者たち」は、そうした流れを歓迎している。そして、もし彼らが「真の」人民というフィクションでイデオロギーを満たすならば、すぐさま陰謀論や、「人民の裏切り者」「嘘つきメディア」といったプロパガンダ的言説に行き着くだろう。

　こうした傾向は危険である。そして、その傾向が投票行動を規定し、それによって既存の政党システムを変えるとしたら、より一層危険である。ナチズムの興隆は、ドイツの政党システムにおける自由主義的および保守主義的な支柱が溶解したからこそ可能になったのであった。それゆえ、ドイツで新たに分極的な多党制が展開し、統治が困難になることへの懸念が生じるのも無理はない。分極的な多党制から生じる中道化の傾向、たとえば大連立政権になりがちなこと――これもヴァイマル共和国と類似する点だが――は、政治的な振り子現象にもとづく整然とした政権交代という議会主義のロジックとは相容れないものである。そして、互いに決して同質ではありえない中道の権力ブロックの周辺に新たな野党が登場することになるが、それは反議会主義的および反民主主義的な勢力となりやすいのである。

　こうしたことを軽視するのは、ドイツの戦後民主主義の安定性についてあまりにも自惚れているといわざるをえない。民主主義の最も重要な果実としての自由は、きわめて貴重な財産なのであり、われわれはそれが失われないよう、十分に警戒しないわけにはいかないのだ。ヴァイマル共和国の教訓は、いかに急速かつ不意に自由が失われうるかということをまざまざと示したことにもある。それゆえ、公的に発言できることが変化し、投票先の流動性が高まっていることに鑑みると、こんにちとりわけ注意を払うべきは、自由の理念は容易に手に入るものではなく、また――トーマス・マンが有名な講演「理性に訴える」で述べたように――「ブルジョアのがらくた道具」に堕するものでもないということである。マンがこの講演を行ったのは一九三〇年九月の国会選挙の後、すなわちナチ党が一八％以上の票を得た選挙の後だったが[†5]、彼は次のように診断している。「狂信が救済の原理となり、感激が癲癇性の恍惚となり、政治は第三帝国かあるいはプロレタリア的終末論という大衆の阿片となり、理性はその面《おもて》を覆う」[†6]と。

こんにちのわれわれはこれほどの状況に陥っているわけではないが、そもそもここまでの状況にしてはならない。政治的な理性のみが、デモクラシーの危機に対応するための最も信頼できる手段である。また、いわば歴史から飛び出し、歴史的に形づくられてきたものの否定を呼びかける逆向きのカッサンドラ[†7]の正体を暴くことができるのも、政治的理性なのである。

政治的理性といった概念は、討論や批判に開かれたシステムによって規定され続けるものである。主体間の最低限のコミュニケーションが保障されている場合にのみ、理性的な解決は可能となる。これは理性の啓蒙的な理解だが、実際に近代のデモクラシーは、啓蒙と自由主義に――たとえ歴史的にはそこから生まれたのではないにせよ――太い根をもつのである。いずれにせよ、最低限の政治的理性がなければ、デモクラシーは自滅を定められているのであり、それこそがヴァイマル共和国の運命が教えるところである。

この点で、現代とヴァイマルとの違いを明確にしておくことは、希望のよすがとなるだろう。現在では、議会制民主主義を最も適切な政治体制とみなすアクターは当時よりもはるかに多い。その限りで、ドイツではポピュリスト勢力の攻撃が、連帯した民主主義者とその団結した前線部隊にぶつかって挫かれるという見込みはまだあるのである。

（アンドレアス・ヴィルシング）

†1 戦後のドイツ連邦共和国は、その首都の名から、冷戦時代（西ドイツ時代）は「ボン共和国」と呼ばれ、東西ドイツ統一を経て首都移転後は「ベルリン共和国」と呼ばれている。

†2 ナチの語彙では「アスファルト」は、人工的な都会、そしてそこに巣食う根無し草的な知識人を指す罵倒の言葉である。

†3 一九九〇年一〇月三日に東西ドイツ統一が達成されたが、それは、ドイツ民主共和国（東ドイツ）が「新五州」（メクレンブルク＝フォアポンメルン、ブランデンブルク、ザクセン、ザクセン＝アンハルト、チューリンゲン）に再編され、ドイツ連邦共和国基本法第二三条に基づき、同共和国に吸収されるという形式をとった。

†4 イスラーム系移民・難民に対する排斥運動・団体。正式名称は「西洋のイスラーム化に反対する愛国的ヨーロッパ人（Patriotische Europäer gegen die Islamisierung des Abendlandes）」で、ペギーダ（Pegida）はその頭文

字。ペギーダは、二〇一四年一〇月に旧東ドイツ地域の古都ドレスデンで行われた、反移民・難民を主張する「月曜散歩」に端を発し、フェイスブックなどのSNSを駆使して参加人数を拡大させ、ドレスデンのみならず、ドイツ各地に広がった。リーダーのルッツ・バッハマンが民衆扇動罪で捕まったり、内部分裂などで一時期活動は衰えたが、二〇一五年秋の難民危機以降、ふたたび息を吹き返した。

†5　トーマス・マンの講演「理性に訴える」は、一九三〇年一〇月一七日、ベルリンのベートーヴェン・ホールで行われた。講演の途中でナチ党員がヤジを飛ばすなど妨害を試みたことが知られている。

†6　翻訳にあたって次の邦訳を参考にした。トーマス・マン「理性に訴える」『講演集ドイツとドイツ人他五篇』青木順三訳、岩波文庫、一九九〇年、一〇七―一三七頁、引用部分は一二二頁。

†7　トロイア王プリアモスの娘で預言者。トロイア戦争の際、トロイアの破滅を予言したが、誰もそれを信じなかった。

第2章 〈政党システム〉

敵と友のはざまで

「ボンはヴァイマルではない」――一九五六年にフリッツ・ルネ・アルマンというスイスのジャーナリストが著したエッセイのタイトルには、強い願いが込められていたが、事実に即したものでもあった。このタイトルでアルマンは、ボンは決して「ヴァイマル」になってはならないという連邦共和国初期の自己理解、あるいはその金科玉条を的確に表現した。ドイツ連邦議会に議席をもつ政党の数が増加し、そのなかにポピュリスト的・右翼ナショナリスト的政党が存在するというだけで、[†1]すでにベルリンはヴァイマルと化す危機にあるといえるのだろうか？　歴史の経験を政治的判断に役立てなくてはならないのはもちろんだが、ひっきりなしに警告を発するのはあまり賢明ではない――ポピュリスト的な過激派たちは、意図的につくり出された脅威のシナリオや破滅のヴィジョンからエネルギーを得ているからだ。

事実、ドイツ連邦共和国の憲法秩序は、いかにして歴史から学びうるのかということの最も印象的な事例のひとつに数えられる。一九四八／四九年の議会評議会〔憲法制定会議〕とその前身であるヘレンキームゼーでの憲法会議[†2]がつねにヴァイマル民主政の失敗を念頭に置いていたのは、それがナチ独裁樹立の前提となったからであった。「なぜヴァイマルの民主政は失敗したのか？」という重要な問いかけに答えるためには、民主主義の危機について、それを誇張することなく見極める必要がある。

ヴァイマルの政党システムは、一方では、啓蒙とフランス革命の時代から形づくられてきた政治イデオロギーの伝統のなかにあり、他方では、ヴァイマル憲法の立憲主義的な枠組みを前提としたものであった。ヴァイマル憲法は、一九一八／一九年の革命と同様に、政党システムの変化をもたらした。もっとも、政党システムは一九二九／三〇年以降のヴァイマル民主政の崩壊局面において、さらに激しく変化することになるのだが。

一九世紀のイデオロギー的伝統は、連邦共和国においてもなお、より緩やかなかたちではあるが、諸政党の綱領や伝統的な党の紐帯の出発点となった――社会主義、社会民主主義、キリスト教政党、自由主義、保守主義といったように。それに比して、ヴァイマル共和国では党の綱領がよりプラグマティックであり、そのことが安定した政府の形成を困難にした――ヴァイマル共和国の国会《ライヒスターク》に議席をもつ政党は最大時で一四あり、そのなかには泡沫政党や純粋な利益団体も含まれていた。すでにこの点で比較の限界は明らかだ。こんにち連邦議会に議席をもつのは、六つの会派を構成する七つの政党のみである。

すでに第二帝政から存在していたヴァイマル共和国の主要政党としては、ドイツ社会民主党（SPD）、戦時期に平和主義者がSPDから離反して生まれたドイツ独立社会民主党（USPD）、カトリック政党である中央党、保守党の後継政党であるドイツ国家国民党（DNVP）、そして、自由主義左派で進歩党に起源をもつドイツ民主党（DDP）と、国民自由党の後継政党であるドイツ国民党（DVP）という異なる名称をもつ二つの自由主義政党があった。ドイツ共産党は、唯一本当に新設されたといえる政党だが、一九一九年一月一九日の国民議会選挙にはまだ参加していなかった。一九一九年一月五日には、反マルクス主義、反ユダヤ主義、ナショナリズム、そして反資本主義を掲げるドイツ労働者党（DAP）が新たに登場した。同党は一九二〇年に国民社会主義ドイツ労働者党〔NSDAP、以下ナチ党と表記する〕と改称するが、その後一〇年ほどは泡沫政党にとどまった。

一九一八年一一月にカトリックで分邦主義的なバイエルン国民党（BVP）が中央党から分離したことは、個々の決定において致命的だったことが示された。というのも、たとえば一九二五年の大統領選挙において、バイエルン国民党は、中央党候補のヴィルヘルム・マルクスではなく、反共和国的でかつてのドイツ最高軍司令部参謀総長パウル・フォン・ヒンデンブルクを支持したからである。すでにこの点からも、連邦共和国との類似性は疑わしいものとなる。なぜなら、一九四五年に（宗派を越えて）本当の意味で新設されたキリスト教民主同盟〔CDU〕とキリスト教社会同盟〔CSU。バイエルン国民党と同様に、バイエルンを拠点とする〕の両党は、一九四九年から連邦議会では共同会派を形成しており、しばしば諍いはあるものの、共通の首相候補を支持しているからだ。それに対してヴァイマル共和国では、概して階級と強く結びついた世界観政党〔明確な世界観をもつ政党〕が主流であった。こうした狭隘な階級の縛りを越えていたのは、社会階層的には多様だが宗派的にはカトリックの人びとに限定されていた中央党と、それには劣るが主にプロテスタントから成るドイツ国家国民党くらいであった。

社会的および宗派的な限定に加えて、大政党ですら地域的に強い偏りがあった。大政党は、三五の国会選挙区の一部で絶対多数に達する一方で、ほかの選挙区ではほとんど、あるいはまったく存在感がなかった。連邦共和国を主導する強大な統合政党（Integrationsparteien）が、綱領的にも実践的にもすでに党内で妥協が強いられているのに比べて、ヴァイマル共和国のイデオロギー的および社会的に限定されていた利益政党〔自分たちの社会集団の利害を代弁する政党〕は、たいていの場合、互いに歩み寄るのがより困難であった。

ヴァイマル共和国では、真の妥協は不可能であった。というのも、ほとんどすべての政府が脆弱で短命であり、一九二〇年以来、統治するというよりも、むしろうまく立ち回ろうと腐心するようになっていたからである。一九一九年二月からヒトラーが首相に就任する三三年一月三〇日までの一四年間で、国政を担った政権の数は二〇にのぼった。一九二八年から三〇年まで在任した社会民主党所属のヘルマン・ミュラー、そしてその後任となった中央党所属のハインリヒ・ブリューニングが最長の首相在任記録をもつが、両者もまた、それぞれ異なる理由から劣勢に立たされていた。

正式な連立協定を欠いたまま成立したミュラー大連合内閣は、社会民主党と国民党という対立するパートナー間の争いによって機能不全に陥った。この政府の鎹《かすがい》を体現していた外務大臣グスタフ・シュトレーゼマンが一九二九年一〇月三日に死去すると、失業保険の〇・五％の保険料引き上げ分を負担すべきなのは使用者か労働者か、という問題をめぐる政府内の左右両翼政党間の見解の相違のために、大連合政権は数か月ともたずに瓦解したのである。次のブリューニング大統領内閣は、もはや議会の多数派に依拠しておらず、野党の社会民主党が国家理性的な理由から政権を容認していただけだった。いずれにせよ大統領内閣の首相は、緊急令をもって首相に統治させるという、体制に否定的な態度をとる大統領ヒンデンブルクの意向に完全に依存していた。

合意形成能力の欠如がもたらした奇妙な結果は枚挙に暇がない。まさに自滅の典型といえることは、一九二八年一一月一七日に起きた。社会民主党の議員団が同党所属の首相ヘルマン・ミュラーに対し、ミュラー自身の内閣が採択した議案について、国会で反対投票をするよう迫ったのである。相当数の社会民主党員にとって、信条にもとづいた野党に徹することの方が、責任を負う与党であることよりも重要であった。社会民主党は、フリードリヒ・エーベルトの指導下で幾度となく柄にもないことをして民主主義を守り抜いたものの、この件に関しては社会民主党に本来的に備わっている階級政党としての性格だけでなく、すべてのヴァイマル政府が不人気であったという事実もかかわっていた。つまり、国会選挙の際、与党であることがプラスにはたらくことはなく、むしろそれは著しくマイナスにはたらいたのである。

中央党と民主党をある種の例外として、大半の政党は政権運営に苦労したが、そのことのより根本的な理由はどこにあったのだろうか？　政党システムは革命を越えて存続したが、それは政治的および人的な弱点も伴った。というのも、たいていの場合、政党は高齢化しており、寡頭制的な組織構造を形成して、憲法で制限された政治機能の範囲内で、建設的というよりもむしろ破壊的に行動していたのである。第二帝政の立憲主義的な国政は、政党が組閣に影響を及ぼすことをいっさい認めておらず、帝国宰相は帝国議会ではなく皇帝に責任を負っていた。

第二帝政の立憲政体では、帝国議会は予算に関する権限と立法権をもち、政府案を否決することもできた。しかし帝国議会は、政府案の作成には関与していなかった。野党であることは普通の状態であり、政府案の可決にあたって、その都度多数派が形成されるのが通例であった。一定の限定付きではあるが、ヴァイマル時代にも、こうした議会と政府の二元主義は続いた。それゆえに、エルンスト・フレンケルはこれを「ドイツ議会制のハンディキャップ」と論じ、カール・ディートリヒ・ブラッハーは「半議会制」と論じたのである。[†3] 実際、ヴァイマル憲法のもとでも、政党が進んで政権を担うことは限定的であった。首相は、自らの職務遂行には議会の多数派が必要だったが、その就任については議会の多数派を必要としなかった。大統領が、こんにちの連邦大統領とは異なり実質的な首相任命権をもっており、現にヒンデンブルクが何度もやったように、はじめから過半数を得ていなくても首相を任命することができた。大統領は、首相に〔ヴァイマル憲法第四八条で大統領の権限として規定されている〕緊急令の発令を認可することができ、場合によっては国会を解散することもできた。こうした大統領権限の組み合わせは大統領を強化したが、他方でそれは国会と首相を弱体化させることとなった。くわえて、一九一九年にヴァイマル憲法を起草した人びとは、懸念された「議会絶対主義」を避けるべく、国民投票的な諸要素を憲法に盛り込んでいた。しかし実際には、そうした諸要素が建設的にはたらいたことは一度もなかった。たとえば一九二九年のヤング案反対国民請願のときのように、それはつねに扇動的・反民主主義的に利用されたのである。

幸いにも、第二次世界大戦後にドイツ連邦共和国基本法の生みの親たちは、徹底した議会制・代表制の統治制度を創り出した。ヴァイマル憲法に比べて、基本法は、議会と政府を強固なものとした。また、ヴァイマル共和国の「政党への恥じらい（Parteienprüderie）」（グスタフ・ラートブルフ）が政党に強烈な不信感を抱いていたのに対して、基本法は、政党に明確に規定された政治責任を割り当てている。さらに基本法は、政府の安定を促すとともに、政府の発足には連邦議会における過半数の支持を徹底して義務づけている〔第六三条〕。これらは守るべき価値のあるものである。したがって現在、たとえば全国レベルでの国民投票といったものを通じて代表制を減殺しようとする提案がなされているのは、憂慮すべき兆候である。ヴァイマルの経験、あるいはブレグジットのようなアクチュアルな現象は、国民投票がどれだけポピュリストにとって好機となるのかを示している。しばしば過激派政党が、「われわれこそが」人民を代表しているのだと主張するのは偶然ではない。[†4]こうした政党は、ヴァイマル共和国のときのように、こんにちふたたび「体制政党（Systempartei）」を否定しており、反政党を自称しているのだ。

政治エリート、とりわけ政治家の存在自体を否定するのが致命的であることは、すでにヴァイマル共和国で示されている。こんにち、このことにも断固として抵抗する必要がある。政党と政治家を欠いては、民主主義は成り立たないのである。

これがこんにちの認識である。それでは、政党が最善の行動をとらず、憲法秩序にマイナスの影響を及ぼすという「ドイツ議会制のハンディキャップ」に直面していたヴァイマル共和国においてはどうであったか？　こうした出発地点の状況にもかかわらず、始まりは幸先のよいものであった。というのも、第一次世界大戦中の一九一七年の帝国議会における平和決議、そして超党派委員会の設立に際して協力していた社会民主党、中央党、ドイツ民主党の三党は、憲法制定国民議会選挙を経て、いわゆるヴァイマル連合の結成で合意した。それは宗派や階級を横断した統合の試みであった。フリードリヒ・エーベルトの主導によって民主共和国への移行をたしかなものにした三党は、合わせて七六・二％の得票率で圧倒的な勝利を収めたのである。

一九一九年二月、得票率三七・九％で第一党となった社会民主党の指導下で新政権が発足すると、さっそく国民議会と政府は中心的な諸問題を解決した。すなわち、共和制をとる民主的な新憲法を採択し、選挙法に従って比例代表制選挙を整え、過激派の抵抗を排してヴェルサイユ講和条約の全面的な受諾を決定し、国の財政改革を実施し、そしてついには社会権および労働権に関する重要な諸法を議決したのである。議会と政府は、一九二〇年のカップ一揆、戦時インフレの上昇、また広範に及んだ戦争の後遺症といった絶え間ない騒乱にもかかわらず、一八か月も経たないうちにこうした著しい成果をあげた。あらゆる重大な重荷は、ヴァイマル共和国がそれ自体として生み出したものではなく、むしろ、すべては戦争を主導し敗れた第二帝政の遺産だったのだ。

ヴァイマル共和国をその没落だけから評価しないとすれば、ごく短期間のうちにもたらされた、共和国の偉大な諸成果を示さねばなるまい――民主主義的な諸政党の指導でもたらされた諸々の成果である。のちに、グスタフ・シュトレーゼマンがロカルノ政策によって戦勝国との和解を試み、ドイツをヨーロッパ全体の協調政策に組み込もうとしたことも、そうした成功に当てはまるだろう。

しかし、である。国民議会選挙での圧勝から一年半が経とうとしていたとき、ヴァイマル連合の三党は、一九二〇年六月六日の最初の国会選挙で壊滅的な大敗を喫した。多くの問題を処理する上で、共和国には時間が必要だったのだ――市民に対して新たな憲法秩序と国家形態の正統性およびその政治的・経済的能力を証明するための時間が。だがヴァイマル共和国には、そのような時間はなかった。危機はさらに続き、一九二三年のハイパーインフレによる激しい階層構造の変動は、「中間層のパニック」(テオドール・ガイガー)を引き起こした。一九一九年のヴェルサイユ条約が道義的な有罪判決〔第二三一条の戦争責任条項〕とともにドイツ人に課した負担は、より一層受け入れられないものとなった。内政の復古を目的とした外交政策上の修正主義が現れた。

事実に反して、敗戦は責任をもって行動する政治家たちになすりつけられ、「背後からの一突き伝説」〔第1章参照〕がでっちあげられた。のちの大統領ヒンデンブルクは、自身が軍指導部の主たる責任者であったにもかかわらず、それに加担した。条約を履行し、戦勝連合国と交渉しようと試みた政治家たちは、「履行政治家」と中傷された。政治風土は右翼過激派によって汚された。政治的謀殺の多くはこうした者による犯行であった。多くの人びとがその犠牲となったが、そのなかには当時の財務相マティアス・エルツベルガー（中央党）や外相ヴァルター・ラーテナウ（ドイツ民主党）もいた。後者はユダヤ系の出自だったため、とくに中傷された。ヴァイマル共和国における最も傑出した政治家だったフリードリヒ・エーベルトとグスタフ・シュトレーゼマンは、誹謗中傷に対する闘いに絶えず消耗させられ、二人とも早くに亡くなった。左右両派の知識人層は、等しく反共和国の闘争に加わっていた。

たとえ民主主義的な諸政党が共和主義的な政治文化を多数派に認めさせることに成功しなかったとしても、その責任を彼らだけに負わせることはできない。問題の本質的な要因は、憲法と選挙法によってもたらされたのである。もっとも、一九一九年にそれらを議決したのは、民主主義的な諸政党自身だったのではあるが。ヴァイマル共和国は何重もの体制転換のなかで創設された。すなわち、賛美され、かつ成功していた戦前の君主制から共和制への国家形態の転換、また立憲君主制から（半）議会制への統治制度の転換といったように。さらに一九一八／一九年には幹部エリートの交代も起こったが、それは部分的で、概して未完のままであった。

これほど複雑かつ根本的な転換は、ただちに成果をあげることでしか、世間一般の多数派から承認を得ることはできない。しかし、すでに一九二〇年には、そうした転換に賛同するのは少数派に過ぎなくなっていた。それに対して、連邦共和国においてはそうした転換を高く評価するのが普通のことになって久しい。こんにちドイツ人の八一%が、民主主義を最良の政治形態とみなしているのである。

ヴァイマルの憲法秩序には危機を解決する能力が欠けていた。また、一九二九／三〇年以降、ヴァイマル民主政が最も困難な危機に瀕しているなか、諸政党は無力であり、誤った行動をとった。しかし、これらのことは、単に統治制度や政党システムの構造的な欠陥からのみ説明されるものではない。統治制度や政党システムは、極端に高い失業率と、それによる全人口の約四〇%の貧困化によって、ほとんど乗り越えることが不可能な挑戦にさらされていたのである。体制を支える諸政党は、国民の過半数の支持なくしては、一時的にならその場をしのぐことは可能だろうが、持続的に行動することはできないのである。

では、一九三〇年から三三年における民主主義の崩壊は不可避だったのだろうか？　決してそうではない。というのも、民主主義にとって最も危険な敵だったナチ党は、一九三〇年までは、全国レベルでたかだか二・六%しか得票できない泡沫政党だったからだ。一九三〇年の夏、首相ブリューニング（中央党）ならびに社会民主党議員団の責任で国会が解散されたが、それは誤った、素人の業としかいいようのないものだった。共和国の経済危機が困難を極めるなか、当初一九三二年に予定されていた選挙が前倒しして行われ、一九三〇年九月一四日、一八・三%を獲得したナチ党の躍進を許すこととなったのである。同じく体制に敵対していた共産党が一三・一%を得票し、また国家国民党も七%に達すると、国会において反民主的勢力が過半数目前に迫るという危機的状況が生まれたが、こうした危機のシグナルが理解されることはなかった。その次の一九三二年七月三一日の国会選挙では、中道政党が埋没する一方で、全体主義政党であるナチ党と共産党が合わせて過半数を越えたことにより、議会妨害勢力が多数派を占める状況が生まれたのである。この選挙の責任の大部分は、ヒンデンブルクとその取り巻き、そしてフランツ・フォン・パーペン首相にあった。

したがって、共和国の終焉にいたるまで、オルタナティヴは存在していたのである。しかし、憲政危機と経済危機が相互作用的に激しくなるなか、共和国の存亡にかかわる試練のときですら、すでにひどく弱体化していた民主主義的な諸政党は、妥協点を見いだすことができなかった。一九三四年に予定されていた国会選挙までに妥協ができていれば、共和国を救う可能性はあった――一九三四年には、ほとんどすべての国家において、経済危機や失業が落ち着きをみせるようになったのだから。

ヴァイマル共和国を適切に評価しようとするならば、国際的な視点が有益である。そして、そうした視点は、われわれを冷静にさせてくれる。第一次世界大戦後に新たに創設された民主主義諸国の多くはヨーロッパにおける議会制の危機を生き延びられず、そうした諸国のほとんどすべてで、すでに一九二〇年代から権威主義者、ファシスト、あるいは軍部による独裁が権力を掌握していた。現在についても、ふたたびヨーロッパ諸国と比較してみるのがよい。こんにち連邦共和国は世界で最も安定した民主国家のひとつであり、ドイツほどナショナリスト的なポピュリストが相対的に小さな存在にとどまっている国はほとんどない。連邦共和国はヨーロッパのなかでも、目下起きている再国民化（Renationalisierung）、あるいはナショナリズムの復活が広く影響力をもつにいたっていない稀な国家のひとつだが、それは、連邦共和国における反全体主義への基本的な合意《コンセンサス》や、ナチ独裁との継続的な対決によるところが大きい。

若年層の支持を獲得することがいかに重要かについても、ヴァイマル共和国は警告的な事例を提供している。というのも、民主主義的な諸政党が高齢化する一方で、それに対峙していた二つの政党、つまりナチ党と共産党は、党幹部、党員、支持者のいずれについても、その大部分を若年世代が占めていたのである。ナチ党と共産党は、表向きは、将来の展望や決起の高揚感を若者の心にもたせていた。しかし、こんにちのナショナリストたちが若者に抱かせているのは、破滅の暗い気分だ。

要するに、目下のところ、これといって民主主義が危機に瀕しているという兆候はないのである。連邦共和国基本法の憲法秩序は、政府に最大限の安定性を保障するとともに、選挙法によって連邦議会における多数派の形成を保障している。この憲法秩序は、比例代表選挙と小選挙区選挙を組み合わせた上で、五パーセント阻止条項によって〔泡沫政党の〕連邦議会への進出を困難にしている。こうした諸規定もまた、「ヴァイマル状況」から得た教訓によるものである。

ヴァイマル共和国とは異なり、連邦共和国は、とりわけ自由主義的かつ社会的な市場経済のおかげで、ほとんどすべてのセクターにおいて驚くべき速さで成功を手にした。早くも建国から数年後には、住民の大多数が新国家を受け入れていた。こうした発展は、アデナウアー政権の政策、そして一四年にわたり在任した連邦首相の明確な目標設定と政治的な貫徹力に、本質的に負っているというべきであろう。こうした基盤の上に、その後の連邦共和国における民主的な秩序の安定もあった。連邦議会に議席をもつ会派あるいはグループの数は、一九四九年から一九六一年までのあいだに一〇から三に減ったが、一九八三年からは、当初は体制に否定的な立場をとっていた緑の党の登場により、ふたたび四に増えた。しかし同党もまた、結局は政権を担当する「普通の」政党となった。

ヴァイマル時代（そしてナチ独裁）における友／敵思考の極端化は、こんにちもはや存在しない――むしろ、大政党がどれも似たり寄ったりで、明確な政治的オルタナティヴが失われていることに反対の声があがっている。論争があるのは当然だが、民主主義の文化にとって有害なのは、それを政党間の争いとして軽視してしまうことだ。また、官憲国家的（obrigkeitsstaatlich）な印象を与える、国家あるいはEUによる規制への過度な信奉に対する批判は、反体制的な行為ではなく、自由主義の基本原則や個人の自己責任という必須条件が制限されていることを示しているのである。

有益な比較はほかにもある。経済的にひどく弱体化していたヴァイマル共和国は、深刻な社会問題から六〇〇万人の失業者とその家族を解放することができず、そのことが彼ら彼女らを過激な政党のもとへ走らせることになった。強い経済力を備えた連邦共和国は、およそ五〇〇万人の失業者を抱えた時期も、深刻な金融危機や財政危機も、比較的うまく乗り切ることができた。したがって、財政健全化は、決してそれ自体が目的なのではなく、むしろ財政的に安定した国家が深刻な経済危機に際して不可欠な社会的緩衝装置となることを可能にするものなのである。それは、ヴァイマル共和国末期における選挙や、重い負債を抱えた国家において過去数年間で実際に示されたように、形骸化した政党システムが自らを蝕んでいるようなときには成功しない――そうなると、複雑な問題に対してわかりやすい解決策をもっていると称するポピュリストの好機が到来してしまう。

われわれはヴァイマル共和国の歴史から、国境を越えた――文字通り他国にも波及する――急進化というものを知ることができる。その点でいえば、戦間期のヨーロッパにおける議会制民主主義の危機は凶兆である。ヨーロッパ諸国の密接な相互依存に鑑みると、他のEU加盟国でナショナルポピュリズム的な運動、あるいは左翼ポピュリズム的な運動が絶えず膨張し続けていることは、安定した民主主義諸国にとっても脅威である。隣の民主主義国家が危機にさらされることになれば、あるいは完全に崩壊することになれば、「至福者の島」[†5]を保つことなどほとんど不可能なのだ。

（ホルスト・メラー）

†1　二〇一七年九月に行われた連邦議会選挙で、「ドイツのための選択肢（ＡｆＤ）」は得票率一二・六％、九四議席を獲得し、一気に第三党へと躍進した（その後離党者が出たため、二〇一九年三月現在は九一議席保有）。

†2　一九四八年七月一日に西側占領国は西ドイツ憲法

の基本原則（連邦制、民主制、個人の権利及び自由の保障など）を定めた「フランクフルト文書」を一一人の州首相に手交し、これをうけてコブレンツで行われた州首相会議は、新憲法の制定に踏み切った。そして、一九四八年八月一〇日から二三日にかけて、バイエルン州のヘレンキームゼーで専門家会議が招集され、憲法の素案が作成された。この素案をもとに憲法を制定するため、一九四八年九月一日、一一の州議会からそれぞれ選出された六五名の代表から成る議会評議会（Parlamentarischer Rat）がボンに召集された。議会評議会は、四九年五月八日にドイツ連邦共和国基本法を採択した（布告は五月二三日）。

†3　エルンスト・フレンケル（一八九八〜一九七五年）は法学者・政治学者。代表作にナチ体制論の古典である『二重国家』（一九四〇／四一年、邦訳は中道寿一訳、ミネルヴァ書房、一九九四年）がある。カール・ディートリヒ・ブラッハー（一九二二〜二〇一六年）は政治学者・歴史学者。代表作に『ヴァイマル共和国の崩壊』（一九五五年、未邦訳）、『ドイツの独裁――ナチズムの生成・構造・帰結2』（一九六九年、邦訳は山口定・高橋進訳、岩波書店、一九七五年／二〇〇九年）がある。

†4　ヴァイマル共和国時代、「体制（System）」という言葉はヴァイマル共和国を指し、反体制右翼やナチによる罵倒語であった。

†5　エリューシオンといい、ギリシア神話にしばしば登場する死後の楽園のこと。ここでは安全地帯といった程度の意味。

第3章 〈メディア〉

政治的言語とメディア

一九三二年初頭、ナチ党が急進右派の政党として有権者の支持を急激に集めつつあったその時期に、ひょっとすると歴史を大きく変えていたかもしれない瞬間が、何事も起きないまま過ぎていった。当時突撃隊員は他の国防団体やヴァイマル国軍とともに、ドイツの東部国境における国境警備という、ヴェルサイユ条約の規定に反する違法行為に関与していた。ポーランド軍が侵入してきた場合には、ナチ党党首であるアドルフ・ヒトラーが彼らに対して命令を下すことになっていた。ただし、侵攻してきた軍隊に対して戦うためではなく、彼らの総統ヒトラーの指揮下に入る、要するに「一一月の犯罪者」に対して戦うためであった。[†1]「一一月の犯罪者」とは、ヒトラーの考えによれば、第一次世界大戦末期の一九一八年、戦闘中のドイツ軍に背後から襲いかかったことでドイツの敗北と共和国成立をはじめて可能にしたとされる、左派とユダヤ人のことである。ヒトラーはこの裏切りというテーゼを、ほかの「背後からの一突き」論支持者とは違って、文字通りに受けとった。外に対する本当の国民的抵抗は内なる敵が除去されてはじめて可能になるのだと、彼は考えていた。

プロイセン州政府の内務大臣カール・ゼーフェリングのもと、警察はナチ党事務所に対するガサ入れを行い、一九三二年三月にこの命令の存在を明らかにして、そのことを国家や州の当局に対して通知した。突撃隊の禁止をほとんどの州政府が支持した。そのなかには社会民主党主導のプロイセン州政府も、保守派とカトリックが政権を担うバイエルン州政府も含まれていた。四月にはこの連携に国防相兼内相のヴィルヘルム・グレーナー、首相のハインリヒ・ブリューニングが加わり、一時的ではあるものの、四月一〇日に再選された大統領パウル・フォン・ヒンデンブルクも加わった。一九三二年四月一三日には、突撃隊〔と親衛隊〕を禁止する大統領緊急令への署名が行われた。

図3-1 「日常」──1932年、ベルリンの突撃隊。

ところが、国防軍や保守的な政治ミリュー〔「ミリュー」は、政治路線、経済的利害、世界観、生活文化などを共有する社会集団をさす〕の非公式のはたらきかけによって、ヒンデンブルクは突撃隊禁止を支持する陣営からふたたび離脱した。大統領は、グレーナーとブリューニングを見捨てたのである。〔ブリューニングの後継である〕フランツ・フォン・パーペンが率いる次の政府は六月中旬、突撃隊禁止令を廃止した。国政がナチの目指す方向へと舵を切り、ヒトラーが政権に参画することをねらう人びとや勢力にとって道が開けたのである。

この時点こそが、（こんにち振り返ればということだが）急進右派との連携ではなく、右派に対抗したかたちでの連携によって政府を形成する最後のチャンスであった。これらの出来事は興味深い問いを投げかけている。公になることのなかった大統領への非公式なはたらきかけに対抗できるような世論は存在しなかったのか？ プロイセンでのガサ入れのあと、そしてヒンデンブルク周辺の策謀が実現する前に、国家反逆罪にあたるナチ党の意図を公にし、この政党に多くの人びとが投票できないような、そして他の政党と連立することもできないような状況にもっていけるような世論は存在しなかったのだろうか？ その答えは、イエスでもありノーでもある。

たしかにその可能性は存在した。事実、突撃隊の禁止令が布告されたあと、新聞報道ではその禁止をめぐって賛成・反対の意見が激しく入り乱れた。たとえば禁止令を支持した『フランクフルト新聞［フランクフルター・ツァイトゥング］』では、プロイセンでのガサ入れによって発見された証拠が一定の役割を果たし、ヒトラーの「国防への裏切り（Wehrverrat）」と武装クーデターの計画についてもおおまかに触れられていた。しかしたとえば、政党政治的な考慮から、社会民主党の国防団体である国旗団も同様に禁止するべきではないのかという別の問いがすぐに出てくることも、また避けられなかった。

その可能性はなかった、ということもできる。自分たちこそが唯一の真の国民的な勢力だと自称

Donnerstag, 14. April 1932 20 Pfg. Reichsausgabe (vereinigt die 3 Ausgaben) 76. Jahrgang Nr. 276–278

Frankfurter Zeitung

und Handelsblatt

SA. und SS. verboten.

Acht Milliarden Mark Fehlbetrag in U.S.A.

Die Begründung des Verbots.

Auch zu Pfingsten verbilligte Rückfahrkarten.

Eine große Rede Herriots.

図3-2 「よい知らせ」――『フランクフルト新聞』は突撃隊禁止を、時機を逸したものとみなしている。

している政党が、よりにもよってドイツが攻撃されたとしてもそれを守る気がないということが文書によって明らかになったにもかかわらず、突撃隊禁止をめぐる激しい論争のなかでそれが新聞の一面トップを飾ることはなかったからだ。このような議論を呼ぶニュースが、多かれ少なかれ注目されることなく消えていくなどということが、なぜ可能だったのだろうか。その最も重要な三つの理由は、当時の新聞をめぐる状況に求められる。

プロイセン内相ゼーフェリングは四月初め、親しいジャーナリストに対して、ヒトラーによる突撃隊への命令の存在について漏らしている。ほぼ同時に『ミュンヘン最新報〔ミュンヒナー・ノイエステン・ナッハリヒテン〕』のベルリン支局は、その情報をブリューニング首相から入手している。しかしジャーナリストたちがこうした情報を得たのはあくまで内密にであって、今風にいえば「オフレコ（unter drei）」情報であった。ブリューニングは、ヴェルサイユ条約の規定に反するドイツの国境警備が新聞で大々的に報じられると、夏にローザンヌで行われる予定の賠償会議でのドイツの立場が弱くなるということを理由に、この情報を内密にしておくことを望んだ。ほかの新聞も情報を入手することはできたものの、掲載すればスクープとなることは間違いないにもかかわらず、どの新聞もこれを一面や号外に載せることができなかった。たしかに、ヴァイマル「体制」は消滅しなければならないとヒトラーが考えていたことは、公然たる秘密であった。しかし、侵略部隊に同調するよう突撃隊に命じていたというのは、質的にまったく異なる問題であった。これが四月初めに知られていたならば、四月一三日に突撃隊禁止令が出されたとき、世論はよりナチ党に批判的な立場でこれを受け入れたであろう。こうした政治状況があったなら、大統領が自ら出した大統領緊急令からふたたび距離をとるということも難しかっただろう。もしそうしたいと思ったとしても、世論が自分をどうみるかという点はヒンデンブルクにとってきわめて重要な問題だったからだ。

プロイセン警察がみつけた証拠についての公式発表と新聞によるその報じ方から、当時人びとは何を読みとることができただろうか。左派自由主義の『フォス新聞（フォーズィッシェ・ツァイトゥング）』はいくつかの号で、ガサ入れによってみつかったナチ党にとって不利な文書について検討してはいたものの、最も重大な、ひょっとすると国家反逆罪の犯罪構成要件を満たすような文書は公にしてはいけないという見解では、公的発表と軌を一にしていた。反共和国的な政治家アルフレート・ローゼンベルクのメディア帝国が所有する『ベルリン地方新聞〔ベルリナー・ロカール・アンツァイガー〕』はそれに対して、この公的発表の出所が〔彼らが忌み嫌う〕社会民主党主導のプロイセン政府であるという理由から、悪意ある言動を行った。『ベルリン地方新聞』によれば、きわめて重大な国家反逆罪に相当するという批判には具体性がなく、あらゆる点で疑わしいものであった。

こうして親共和国的、反共和国的な新聞いずれにおいても、国家反逆罪への言及はあったものの、報道は間接的なものにとどまった。突撃隊禁止令の二日前、プロイセン首相のオットー・ブラウンはヒトラーによる命令の内容を公にしようと試みた。四月一一日、プロイセン州議会選挙に向けた社会民主党の選挙キャンペーン開始演説において、ナチ党は有事の際に国家反逆罪を犯す疑いがあること、これを証明する文書も存在することを指摘し、そのことは翌日、社会民主党の機関紙『前進〔フォアヴェルツ〕』と『フォス新聞』において報じられた。もっともその際にブラウンが証拠としたのは、一週間前にヒトラーがポンメルンのラウエンブルクで行った演説であった。ヒトラーはこの演説で、ドイツの国境防衛は、体制の担い手が排除されてはじめて可能になると述べていたという。『前進』には、ブラウンがそう述べたと書かれている。『フォス新聞』ではブラウンの発言として、ヒトラーがラウエンブルクで述べたのは、ポーランド軍が攻撃してきた場合には麾下《きか》の突撃隊員を体制〔ヴァイマル共和国〕のために犠牲にするのではなく、体制の代理人たちを殲滅するために彼らを撤退させるということだ、と書かれている。つまりここでは突撃隊に対するヒトラーの命令はまったく引用されておらず、さまざまなかたちでヒトラーの演説がもち出されているにすぎない。もっとも、ナチ党に対して公然と批判的な『クライス・ツァイトゥング』紙の報道が示しているように、ヒトラーはそのようなことを公の場で口にすることを控えていた。いい換えれば、社会民主党系や自由主義系の出版関係者や政治家は、この件については沈黙すべきであるというルールを遵守しながらも、このスキャンダルを遠回しに人びとに広めようとしていたのである。このスキャンダルが社会民主党や自由主義勢力にもたらす効果は限定的なものにとどまったし、立証が間接的なものでしかなかったことによって、さらにその効果は小さなものとなったに違いない。突撃隊禁止令が出されたあと、議論は別の問題へと移り、国家反逆罪というテーマは過去の話となった。

つまりジャーナリストたちはこの件では、他の場合もそうであったように、沈黙すべきであるという約束を忠実に守ったのである。この約束が破られることは滅多になかった。その理由は、部分的には新聞と政治の関係の伝統、部分的には第一次世界大戦が残した大きな後遺症、そしてヴァイマル共和国の分断された政治的風土のなかで強く吹きつけていた政治的な「風」に求められる。

ヴァイマル共和国における新聞の風土は、一九世紀に政治家・政党と主要な政治メディアのあいだで形成されたそれと依然として似通っていた。政治ジャーナリズムと政治の関係は、きわめて緊密なものがあった。特定の政党や政治的傾向に結びつかずに政治関連の報道をする新聞というものは、一九世紀や二〇世紀初頭においてはほとんど考えられなかった。ましてやそのような目標は実現可能でもなかったし、そもそも金にならなかった。そして新聞の定期購読者が望んでいたのも、自分の世界イメージや政治的価値判断を表現してくれるメディアであった。また政治家が望んでいたのも、自分たちに情報を提供し、記事を執筆してくれ、それによって戦略を試したり、提携したり、競争相手を排除することができるようなジャーナリストであり、そういった人びとに対して政治家は報酬を払うのであった。さらに編集部も新聞社の社主もこうした政治との距離の近さを望んでいた。なぜなら、そうした緊密な関係なしには、報道に必要な背景情報が手に入らないからである。

こうして同じ政治的ミリューに属する政党・政治家とジャーナリストの距離が非常に近いということに、当時の新聞の風土も対応していた。それぞれの政党に対応するかたちでメディアもまた存在するという構造になっていたのである。別の政党の政治家や政治的見解の異なるジャーナリストとはあまり付き合いがなく、同じミリューに属する政治家とジャーナリスト同士で活発に交流した。そして一九一四年から一九一八年までの第一次世界大戦という時期は、政治と新聞の関係に新たな次元をもたらした。ただしここでいいたいのは、国家や軍隊によるプロパガンダが未曾有の規模で行われたということではない。これらのプロパガンダが戦時期の政治ジャーナリズムに対してもっていた重要性は、後付けでしばしば過大評価されるが、これらのプロパガンダはあくまで中立国や同盟国に対して向けられたものであった。その点でたしかに新聞も、自分たちの政治的傾向を表明したという意味では、こうした措置の一端を担っていた。だがこれらのほとんどはあくまで自発的なものであり、のちにナチ体制でゲッベルスが行ったような、編集部に命じてやらせたものではなかった。彼らはみな、ドイツの戦争努力を支持することを望んでいた。「第三帝国」におけるような言論統制も不可能であった。なぜならそれぞれの新聞は、自分に立場が近い政治的ミリューに特有の意味論や発話形態を使っていたため、画一的に統制することが不可能だったからだ。これは一九二〇年代になっても、国家、州、地方自治体それぞれのレベルにおける政府や政党、当局のさまざまな広報室が直面する問題であった。ヴァイマル共和国が苦しんでいたのは、広報活動をするための制度が欠けていたからではなく、政党政治によって派閥化した新聞の風土において、共通の政治的言語が欠けていたからであった。

一九一四年から一九一八年の期間の新聞に、プロパガンダ的な言論統制よりもはるかに大きな影響を与えたのは、それとは別の二つの介入方法だった。ひとつ目はなんといっても検閲であり、軍当局が徹底的に、しばしば予期できないかたちで行った。それにくわえてもうひとつ、戦時期につくられた政治報道の仕組みがある。これは一九一八年以降の報道と政治の関係にも影響を及ぼした、新聞による報道内容の統制に効果的なやり方だった。開戦直後ベルリンに、いわゆる記者会見の仕組みが設けられ、一九一八年までに各邦国でも同様のものがつくられた。ただし、この軍主導による軍と政治家、新聞の代表者による協議においては、公式発表が主であり、ジャーナリストがそれに対して質問することは部分的にしか許されていなかったので、これを記者会見と呼ぶのはその点で不適切ではある。検閲と記者会見にくわえて、当時は秘密保持についての命令と発表をどのように解釈するかについての指針も存在した。

しかし戦争が長引けば長引くほど、記者会見はオフレコの場という性格を強めていった。これによってジャーナリストは、外部に公表されることのない政治的・軍事的な内部事情に精通するようになっていった。戦時期の他の仕組みとして、たとえばベルリンの政治クラブ「ドイツ協会一九一四」のようなものがある。部屋には、こんにちでいえば支配階級と呼ばれるような人びとが催し物や夕食の際に集まり、報道と政治のあいだのこの新しい関係を深めていった。しかしこの記者会見は戦争が終わった後も続いた。戦後はジャーナリストが主催するようになり、ヴァイマル共和国時代を通じて定期的に開催された。引き続きこの場は公式発表が行われる場であると同時に、決して公表されることのない政治の内部事情についての知識が排他的に共有される領域でもあった。記者会見から排除されていたナチはそれゆえ一九三〇年代初頭、ジャーナリストを買収して秘密情報を入手しようと試みた。

こうして一九一八年以降、メディア政治的な独自の世界は以前よりはっきりと強固なものとなったのであり、そうした壁を打ち破ろうとする姿勢は、新聞にはほとんどみられなかった。それこそが、「オフレコ」によって得られたヒトラーの突撃隊に対する命令についてのセンセーショナルな情報を、どの新聞も効果的なやりかたで報じなかった第一の理由である。

第二の理由は、この第一の理由とは一定の緊張関係にある。それは、新しいドイツ民主主義における政党間の激しい対立に起因している。すでに新聞と特定の政党、政治家もしくは政治的ミリューとの結びつきはあまりにも強固だったので、その結果彼らの言葉づかい、報道、価値規範がバラバラになっていってしまったため、議会制民主主義を支持する政党とそれを拒否する政党のあいだの関係は、さらに敵対的なものへと先鋭化していった。同じことは、政党に近い関係にある新聞についてもいえた。これは決してナチや共産主義の機関紙だけではなく、すべての新聞に当てはまる現象であり、それはどの記事を掲載するかという点にも影響を及ぼした。タブロイド紙という、一九二〇年代後半にヴァイマル共和国の新聞風土に新たに登場したタイプの新聞も、そうした世界観的な派閥化という現状を何ら変えるものではなかった。タブロイド紙はもはや定期購読ではなく街頭販売に依拠し、(タブロイド紙の政治的方向性に応じて) スキャンダラスなかたちで娯楽やスポーツ、政治を報じた。

このようにして形成された新聞風土は、既存の対立や政治領域の分断の原因となっただけでなく、それを強化した。とくに政治家は、自分自身や自分たちの世界観が、自分たちと立場の近い新聞に反映され裏づけられていることもあれば、時として批判されることもあり、編集部とそれに近い立場の政治的ミリューの関係にはつねに争いがなかったわけではない。ヒンデンブルク大統領は突撃隊禁止令に署名したあと、自らのお抱え新聞 (Hausblatt) であるプロイセンの農業界や保守派を代弁する『十字架新聞〔クロイツ・ツァイトゥング〕』が、同時に社会民主党の国旗団も禁止されるべきなのにそうしていないという理由で激怒し、大統領は社会民主党と友好関係にあるとなじっているのを目にした。この批判は大統領にとって堪《こた》えるものであり、彼が禁止令やブリューニング内閣から最終的に離反した理由には、彼の取り巻きによる影響力にくわえて、間違いなくこのことがあったといえるだろう。

図3-3　海水パンツ姿のエーベルトとノスケ。

こうした派閥化したヴァイマルの政党と新聞の風土がもたらしたもうひとつの影響は、彼らがメディア固有のダイナミクスを発展させることがほとんどできなかったという点だ。その原因は、読み手が属する世界によってニュースの題材の意味が変わってしまうことである。政治的な方向性の異なる新聞がスキャンダラスに報じた内容は、それゆえ批判的に受け止められるか、もしくは無視された。そのせいで意図せざるメディア固有のダイナミクスが絶対に起きないというわけではないにせよ、そうした現象は当時ほとんど考慮されていなかった。最も有名な事例は、共和国に対して敵対的な態度とはほど遠い自由主義的な『ベルリン絵入り新聞』が、一九一九年八月二四日号の一面に掲載した写真である。この写真には、岸辺にいる大統領エーベルトと国防相グスタフ・ノスケが、海水パンツをはいただけの無頓着な格好で写っている〔図3－3参照〕。写真のためにポーズをとっているエーベルトやノスケも（これはパパラッチによる盗撮ではない）、『絵入り新聞』の編集部も、彼らにとってあまり有利にはならないこの写真が、まさかエーベルトを誹謗する反共和国派の豊富な攻撃手段のひとつになるとは、事前にはまったく予測していなかった。

メディアが意図的に固有のダイナミクスを発揮すること、とりわけ政治やそのほかのよからぬ状況をすべてスキャンダル化することを妨げたのが、新聞の派閥化と内部の不協和であった。それこそが、親共和国派の新聞編集部をして、国家反逆罪的な突撃隊への命令を公表することで、ナチ党や、ナチ党を世に送り出そうとする戦略に対するメディアの嵐を巻き起こそうとする試みは結局うまくいかないだろうと思わせた、第三の理由である。ヴァイマル共和国においてスキャンダルがなかったというわけではない。むしろその逆で、ヴァイマル共和国の歴史は大スキャンダルの連続であった。たとえばメディアの多大な注目を集めたものとして、一九二九年のスクラレーク・スキャンダル[†2]がある。注目を浴びた理由は、国民全体に衝撃を与えたからというより（問題となったのは市町村の官吏と政治家の買収であった）、ナチ系の新聞から市民層、共産主義の新聞にいたるまで、メディア固有のダイナミクスを引き起こすために不

図3-4 「外からのまなざし」――ヒトラーがヒンデンブルクとパーペンの肩の上に乗っている。1933年2月8日、ロンドンの『パンチ』誌の風刺画。

可欠な前提条件を満たしていたからであった。その前提条件とは、通常はそれぞれが別の方向を歩んでいる政党政治とそれに歩調を合わせる出版機関が、彼らに共通する反共和国的なルサンチマンを通して一体となることだった。共に属していないものが一体となることを可能にする旗印が、「腐敗」「政党に牛耳られた経済（Parteienwirtschaft）」「一一月の犯罪者」（つまり社会民主党員）であり、要するに「体制」であった。こうしてスキャンダルは主に社会民主党（スクラレーク・スキャンダルの場合、買収された者のなかに何人か社会民主党員がいた）、そして共和国に対して向けられていた。

こんにちメディアが果たしている役割を考えたとき、ヴァイマル共和国の状況は現代のわれわれからどれくらい近いところにあるのだろうか。もしくは遠いところにあるのだろうか。わたしはこの章で三つの側面を強調することを試みた。ひとつ目は、政治的な報道機関と政党、アクターのあいだの距離の近さである。こんにちにおいても、そのような近さは当時と同じように存在する。民主主義という条件において、そうした近さなしに政治家は行動することができないし、ジャーナリストは政治についてたしかなことを報じることができない。したがって政治と政治メディアのあいだの緊密な関係は、政治体制にとって重要である。と同時にそれは、民主主義の安定性にとって潜在的な弱点でもある。というのはそれによってメディアの批判性が制限され、それに陰謀論が重なれば、ポスト民主主義的な体制批判（「体制メディア Systempresse」や「嘘つきメディア」）のテコになる可能性があるからだ。

ヴァイマルの新聞風土を特徴づける二つ目の特徴は、その政治的・イデオロギー的な分断である。

新聞を読むことが職業のひとつである政治家であっても、定期購読者や商人であっても、自分はフェイクニュースの海に囲まれていると考えている彼らにとって、唯一信頼できる確固たる地盤は、自らの政治的ミリューをもち上げてくれる、自分の購読している新聞であった。こうした極端なかたちで、メディアや政治の風土の派閥化は不安定化をもたらす要素であることが裏づけられた。こんにちでもメディアのもつフィルター効果、自らの意見や社会的分断を強化する効果は消えていない。そしてこんにちにおいてもメディアは、その基本的な価値観において大きく異なる見解をもっている。新しいメディア、とりわけフェイスブックやツイッターをはじめとするＳＮＳがもつ潜在的に強いフィルター効果は、「エコーチェンバー現象」〔ＳＮＳにおいて、似た考えのもち主が意見を交換することで、特定の思想や価値観が増幅されていく現象〕というキーワードによってきちんと議論されるようになってきている。それでも、一九二〇年代と二〇一〇年代には違いもある。政治的な敵対関係はかなり弱まってきており、そのため新聞風土の分断はより弱められたかたちでしか残っていない。このプロセスは不可逆的なものである。

それはヴァイマル共和国の新聞の特徴と呼びうる、第三の側面に通じる。選択的にしか機能しない、つまり反共和国的な方向にしか機能しない、メディア固有のダイナミクスである。物事をスキャンダル化することができるというメディアの能力は、民主主義社会の付随現象であり、こんにちでもつねに心地よいものというわけではない。しかしそれがなければ、さらに状況はひどくなるだろう。それが選択的に、反民主主義的な方向性にしか機能しないとすれば、もっとひどい状況になる。一九二〇年代のドイツにおいて現実だったのがまさにそれであった。なぜなら、国民的に議論されるスキャンダルを、政治的に有効な固有のダイナミクスをもって引き起こすのに十分なルサンチマンの文化は、「体制」に敵対的なものしか存在しなかったからだ。同様の性質をもつ反民主主義的な「下から」の、そして「上から」のルサンチマンの文化は、ドイツに限らず多くの国々でみられる。その点はヴァイマルと現代の類似性を感じさせるものであるが、現在そのことが目に見えるかたちで現れつつある。もっとも当時とは違い、逆風が吹いたからといって民主主義が失敗するとは限らない事例として、ヴァイマル共和国を考えることもできる。それが失敗したのは、一九三二年初頭の一コマが示しているように、追い風を受けなかったからにほかならない。メディアや政治の有力者、そしてまったく別の方向を目指す人びとからの追い風を。

（ウーテ・ダニエル）

†1　すでにナチズム運動がヒトラーの党指導における独裁を承認したときから、運動内部において総統（フューラー）はヒトラーだけが用いる肩書となっていた。政権を掌握するとヒトラーは総統兼首相という肩書を用い、ヒンデンブルク大統領が一九三四年に死去すると、自らの肩書は変えないまま、大統領職を兼ねた。一般に理解されているように、このときはじめて「総統」となったわけではない。芝健介「第三帝国の編

成」成瀬治・山田欣吾・木村靖二編『世界歴史大系　ドイツ史3』山川出版社、一九九七年、二七二頁。

†2　ロシア出身のユダヤ系で紳士服製造業および繊維製品の卸売業を営んでいた、スクラーレク家のヴィリー、レオ、マックスの三兄弟が納品書を偽造し、取引先であるベルリン市当局から約一〇〇〇万マルクを詐取したとして逮捕された事件。彼らから多額の賄賂を受けとっていたとして、市長が辞職に追い込まれたほか、事件をもみ消すために市当局の多くの役人にも賄賂が贈られたといわれる。

第4章 〈有権者〉

抵抗の国民政党

「アドルフ・ヒトラーは選挙によって権力の座についたわけではない」というのは、たしかに正しい。しかし、わずか数年間で一九二八年の得票数を二〇倍以上に増やすという、選挙におけるナチ党の急激な成功なくして一九三三年一月三〇日、国民社会主義ドイツ労働者党の総統が権力を委譲されることはなかっただろう。これほど短期間で、さほど目立たなかった泡沫政党が、議会第二党をはるかに引き離す第一党に躍進するというのは、ドイツの政党では後にも先にも例がない。

「ドイツのための選択肢（AfD）」〔以下AfD〕をナチスと同一視するべきではないし、少なくとも党が設立された当初は間違いなく、全体としては民主主義的な方向性をもっていた。もっともAfDの何人かの政治家や州組織については、はっきりとそうは断言できないのだけれども。ともあれ、二つの政党の支持者をさまざまな観点から比較することは、われわれの認識を深めることにつながるし、それによって両者の違い、ひょっとすると共通点を浮き彫りにすることもできるだろう。

最近の状況をみるに、右派のアウトサイダー政党であったナチ党がみせたこの未曾有の上昇という第一幕を、ＡｆＤもまた繰り返しているように思える。たしかに二〇一三年の連邦議会選挙では議席獲得に失敗したものの、その得票率は四・七％であり、一九二四年および一九二八年のナチ党の国会選挙の得票率をすでにはっきりと上回っていた。この連邦議会選挙以降に行われたすべての州議会選挙においてＡｆＤはそれぞれの州議会で議席を獲得しており、二〇一六年末の時点で、三つの例外を除いてすべて二桁の得票率を示している。メクレンブルク＝フォアポンメルン州ではそれどころか二一％弱と、キリスト教民主同盟〔ＣＤＵ〕に次ぐ第二党に躍進した。バーデン＝ヴュルテンベルク州ではドイツ社会民主党〔ＳＰＤ〕よりもはっきりと多い第三党であった。二〇一七年の連邦議会選挙でＡｆＤは一二・六％を獲得して第三党となっただけでなく、ザクセン州での得票はそれまで長らく第一党であったＣＤＵを上回った。ザクセンでは小選挙区で三人の当選者を出している。[†1] 選挙の歴史に精通している者なら、ここにナチ党の躍進との類似がみてとれるように感じるだろう。なぜならナチ党は一九二八年の国会選挙でわずか二・六％しか獲得できなかったものの、その後の州議会選挙において同じように議席獲得に成功し、一九三〇年の国会選挙で一八・三％と、国政レベルではじめての大成功を収めたからだ。二〇一五年晩秋に始まる躍進以降、連邦議会選挙に関する世論調査でも一貫してＡｆＤは二桁の支持率を示している。世論調査会社のインフラテスト・ディマップ社によれば、二〇一六年九月には連邦議会選挙に関する調査で一六％の支持率を得ている。その後党の支持率はゆっくりと、しかし着実に低下を続け、二〇一七年五月末には一桁台まで落ち込んだが、八月中旬以降ふたたび上昇した。[†2]

ナチ党の支持者、そして党員とはどのような人びとだったのだろうか。この政党に投票し、あるいは党員となった理由は何だったのだろうか。純粋な得票率の伸びということ以外に、ＡｆＤの躍進との類似は見いだせるのだろうか。それどころか、当時の傾向を現在に移し替え、近い未来について予測することは可能なのだろうか。本章が取り組むのは、こうした問いである。しかしその前に、ひとつだけはっきりといっておきたいことがある。それは、ＡｆＤの支持層をナチ党のそれと比較することは、両者の同一視を意味しないということだ。歴史をめぐる議論でもよくあることだが、ナチ体制の非人道性はほかとは比較不可能なものだとか唯一無二のものだとして、比較そのものを禁じてしまうようなやり方は、間違いである。ある歴史的現象が唯一無二だということは、ほかの類似した現象と比較してはじめてわかることなのだから、そうしたやり方はそもそも矛盾している。物事を整理し、それが歴史的に一回きりの出来事だったのかどうかを判断するために、比較は必要な作業である。そして体系的な比較に意味があるのは、その比較の結論をあらかじめ決めてしまうことなく行う場合だけである。

当時の人びとはナチ党を中間層の運動として捉えていた。ヴァイマル共和国の社会科学者も、一九八〇年代までは多くのドイツの歴史家も、「中間層パニック」（テオドール・ガイガー）こそが、大量の有権者をナチ党へと追い立てた理由であるという見解で一致していた。すなわちナチ党とは根本的には、一部は近代化によって不安を覚えた手工業者、農民、自営業者といった中間層、一部は下降の不安とプロレタリア化の恐怖に襲われた職員と官吏の新中間層といった人びとに担われたファシズム運動だ、と理解していたのである。アメリカの社会学者シーモア・マーティン・リプセットによれば、ナチズムとは戦間期に猛威を振るった「中間層の急進主義」であった。

現代的で進化した統計評価手法を用いた選挙・党員に関する歴史研究によってようやく、この幅広く支持されていたコンセンサスは揺り動かされることになった。実際ナチ党は、投票者という点でも党員という点でも、従来考えられてきたよりもはるかに多様な人びとによって構成されていた。ナチ党に投票した人びと(および新規加入の党員)のうち三分の一ないし四〇%は労働者であったということは、ナチ党は純粋な中間層の運動である、あるいはそのほとんどが中間層による運動であるというテーゼに反している。しかも、ナチ党に投票したり党員として加入した人びとの大多数が「非典型的な」労働者だったというわけでもない。とりわけ熟練労働者がナチ党に投票したか、あるいは入党したことを示すデータは多い。もっとも当時の経済構造からしても、彼らのほとんどは大工業ではなく、手工業的な傾向の企業の労働者であった。たしかに有権者人口と比較すると、ナチ党員やナチ党に投票した人びとに占める労働者の割合はわずかに低く、中間層が占める割合はわずかに高い。しかしそれは、有権者全体の傾向から著しく逸脱するものではない。

したがってその社会的構成からみて、ナチ党は均質な政党とはほど遠く、むしろ一種の「中間層の傾向が強い国民政党」であった。その投票者も党員も、全体としてもまたは部分的にも、ある単

図4-1 「ドイツにとっての選択肢」——1932年国会選挙における共産党〔左上〕、中央党〔右上〕、ナチ党〔左下〕の選挙ポスター。

一の社会階層に属しているということはなかった。同じことは、二〇一三年の連邦議会選挙以降徐々に労働者を動員することに成功しているＡｆＤについてもいえる。二〇一三年末にはＡｆＤに投票した人びとのうちわずか二〇％弱が労働者であったが、二〇一六年には二五％を超えている。ナチ党の数字と比べると一見少ないようにもみえるが、ドイツにおける職業構造はヴァイマル共和国のものとは根本的に変わってしまっていることを忘れてはいけない。一九三三年時点では、職業従事者の半分が労働者であったが、こんにちではブルーカラーの労働者は被雇用者の四分の一程度を占めるにすぎない。国民平均で考えれば、ＡｆＤに投票した人びとに労働者が占める割合は、一九三二年にナチ党に投票した人びとにかなり近い。二〇一七年の連邦議会選挙では約二一％の労働者と失業者がそれぞれＡｆＤに投票しており、あわせるとＡｆＤに投票した人びとの約四〇％が労働者ということになる。これはまさに、ナチ党に投票した人びとと党員について導き出される数字と同じである。一九九〇年代に〔極右政党である〕共和党[†3]がそうであったように、ＡｆＤは他のどの政党よりも支持者において労働者の占める割合が多い。

選挙に関する歴史研究で得られたもうひとつの知見は、ナチ党に投票した人びとの圧倒的多数が、社会的な根無し草であったとか、経済的に失敗したとか、運命に見放された人びとだったわけではないということだ。それどころか、われわれがこんにち知るところによれば、ナチ党に投票した人びとに占める失業者の割合は、全体の平均よりも低い。無職の労働者はヴァイマル共和国において、ナチ党よりも共産党に投票することが多かった。当時の典型的な失業者政党は共産党であり、ナチ党ではなかった。ナチ党はたしかにホワイトカラーの職員層の失業から政治的利益を得ることはできたが、失業した労働者からはそうした利益をほとんど得られなかった。ここにもＡｆＤとの類似がみてとれる。ＡｆＤに投票した人びとに占める失業者の割合は、二〇一三年から二〇一六年のあいだにたしかに増加している。二〇一七年の連邦議会選挙では約二一％の失業者がＡｆＤに投票している。これは、この選挙でキリスト教民主／社会同盟（ＣＤＵ／ＣＳＵ）、あるいはＳＰＤに投票した失業者の割合と同じである。だが、これらの政党に投票した有権者のなかで、失業者が占める割合はごくわずかである。

近年の選挙に関する歴史研究は、さまざまな社会集団のナチ党への近さをめぐって長年続いてきた一連の神話を破壊した。それまでの伝説によれば、女性が大量にナチ党に流れ込んだ、つまり男性よりもはるかに多くナチ党に投票したとされてきた。ところが一九三二年までは、女性のナチ党への投票は平均を下回っていた。女性が主に投票したのは、カトリックの中央党や、政治的なカトリシズムと結びついたバイエルン国民党、あるいはプロテスタントのキリスト教社会人民奉仕党、†4そしてプロテスタント的傾向の強い右派の保守政党、ドイツ国家国民党といった、宗教的で保守的な政党であった。ヒトラーやナチズムに対して集団的に献身する女性というイメージは、むしろ「第三帝国」の時代に総統が各地を訪問した際の観察によるものである。それどころかナチ党員に関しては、女性の占める割合は平均よりもかなり低い。一九三三年以前では、女性の占める割合は全党員のわずか六％ないし八％に過ぎない。第二次世界大戦に突入してからようやく、ナチ党に入党した女性の割合は増加しており、最終的には全新規入党者の三八%を占めるにいたった。

ＡｆＤに投票した人びとの状況もこれとさほど変わらない。二〇一七年の連邦議会選挙では、六〇%以上が男性である。これは、初期において急進的な、あるいは急進的とみなされている政党ならほぼどれにも当てはまる典型的な現象である。ヴァイマル共和国時代の共産党のほうが、女性からの支持がさらに少なかった。同じことは戦後西ドイツにおいても、共和党、ドイツ民族同盟(ＤＶＵ)[†5]、国家民主党(ＮＰＤ)[†6]といった右派のアウトサイダー政党に当てはまる。こうした比較が同一視を意味するものではないということは、いうまでもない。それでも、政治的なスティグマを帯びた右派アウトサイダー政党と国民の大部分にみなされている政党が、国民からどのように認識されているのかを知るには、こうした比較にもそれなりに意味がある。

ナチ党に投票した有権者が以前はどの政党を支持していたかという点でも、その社会的構成は同じく多様である。プロテスタント市民層からナチ党へと流れた数と比べれば、社会主義やカトリックの陣営からナチ党に流れた数は、相対的にはたしかに少ない。だが視点を変えると、一九二八年と一九三三年のあいだでは、それまで投票に行っていなかった層が、ほかの人びとよりもはっきりとナチスの選挙における成功に貢献していることが、たしかにみてとれる。ナチ党の選挙における成功にとってきわめて重要だったのが、かつて利益政党〔第2章参照〕や地域政党に投票していた人びとであった。しかし、絶対数からいえば、社会主義陣営からナチ党に流れ込んだ有権者は、民主党、国民党、そして国家国民党のブロックから流れ込んだ有権者とほぼ同じであるというのは、驚きといえよう。その原因はとりわけ、社会民主党と共産党をあわせれば、中央党とバイエルン国民党というカトリック二派、あるいは民主党・国民党の自由主義政党、そして国家国民党よりもはるかに多くの有権者を糾合できたという点にある。ほかと比べてナチ党への流出が段違いに少なかったのは、共産党とカトリック系の二政党であった。したがってヴァイマルの政治体制における極右と極左であるナチ党と共産党のあいだで、有権者の支持がきわめて流動的であったという考え方は、多くの急進主義研究者がイメージする、右翼と左翼は近いところにあるというイメージにとっては歓迎すべきものであるかもしれないが、事実ではない。

ナチ党とＡｆＤの違いはこの点だけではない。たしかにＡｆＤはひとつの政治的陣営からのみ支持を受けている政党ではないが、かつて左翼党を支持していた有権者が平均以上にＡｆＤに投票している点で〔ＡｆＤと左翼党の〕近さは、きわめて明白である。バーデン＝ヴュルテンベルク州、ラインラント＝プファルツ州、そしてザクセン＝アンハルト州の州議会選挙において、左翼党は相対的にみて、支持者をＡｆＤによって（「その他の政党」を除けば）最も多く奪われている。まったく同じことが、二〇一七年の連邦議会選挙でもみてとれる。当初は自由民主党（ＦＤＰ）も多くの有権者をＡｆＤへと流出させていたが、その原因はあきらかに、当時まだ国民自由主義的な方向性をもっていた「大学教授の政党」ＡｆＤの、きわめて欧州懐疑的な方向性に求められる。[†7] もし当時、フランク・シェフラーがＦＤＰ内部において、ユーロをめぐる党員投票に際して、ユーロ救済に批判的な自らの立場を貫くことができていたなら、少なくとも〔二〇一四年から二〇一五年にかけて続いた〕分裂騒ぎまではＡｆＤは地歩を固めることは困難であっただろうし、ＦＤＰは二〇一三年〔の連邦議会選挙で五％を獲得できず〕に議席をすべて失うこともおそらくはなかっただろう。[†8] ＡｆＤがどちらかといえば国民自由主義的な政党から、極右的な傾向をもつ右翼ポピュリズムないし国民保守的な政党へと変貌したことは、とりわけこの政党に投票する人びととの変化から読みとることができる。当初ＡｆＤは、「社会的公正」というテーマが切実な問題である左派の有権者に訴えかけることは、ほとんどしていなかった。しかしのちには彼ら〔とくに東ベルリン地区の有権者〕こそが、支持層の重要な部分を占めるようになった。これは綱領における変化とも軌を一にしている。こんにちＡｆＤは最低賃金を支持しているが、党初期であればそれは考えられなかったことだろう。二〇一七年の連邦議会選挙では、それまで選挙に行っていなかった層が、「その他の政党」に投票していた人びとと並んで、ＡｆＤの新しい支持者のなかでは最も多く、その次がかつてＣＤＵに投票していた人びとである。しかし、かつてＳＰＤを支持していた人びとばかりか、いくつかの州議会選挙ではかつては緑の党を支持していた人びとのかなりの部分までもが、ＡｆＤに合流したこともある。

　ナチ党へと支持を変えた人びとの動きは、中間層仮説によっても、多くの労働者のナチ党への近さによってもあまり説明できない。とりわけ、ナチ党が選挙でプロテスタント地域よりもカトリック地域において支持拡大がかなり困難だったという点も、中間層の急進化というテーゼにそぐわない。一九三三年になるまで、カトリックはナチ党に投票したり党員として入党する傾向が、プロテスタントよりも明らかに低かった。こうしてナチ党は一九三二年七月の選挙において、最もプロテスタントが多い都市・地方では五〇%以上の得票率を示す一方、最もカトリックが多い地域ではわずか二一%弱しか票を得られなかった。一九三二年七月、カトリック有権者では約一五%しかナチ党には投票していないが、プロテスタント有権者ではほぼ四〇%がナチ党に投票している。

たしかに地域によっていくつかの例外はあるものの、平均をとれば、宗派こそがナチ党に投票したか否かの投票行動に最も大きな影響を与えている。一九世紀の最後の三分の一期から続いている投票行動への宗派の影響は、二一世紀に入ってしばらく経つ現在でも、なおわずかに残っている。たしかにカトリックとプロテスタントの投票行動の違いはかなりなくなってきたとはいえ、完全に同じになったわけではない。カトリックはいまなお、AfDのような政党に投票することが、平均的にはプロテスタントよりもやや少ない。いまやカトリックでも少数派に過ぎないが、教会との結びつきを維持している人びとの場合には、ナチ党がそうであったように、AfDも彼らの支持を獲得することがきわめて困難である。家族、結婚、中絶といった、CDUがとうに断念してしまっているテーマを、AfDは意識的に取り上げており、そうした意味で価値規範の保守性を共有しているにもかかわらず、そうなのである。彼らは多くの場合CDU／CSUに不満を抱いてはいるものの、そこに投票している。他方、労働組合に加入しているということは二〇一七年の連邦議会選挙ではむしろ、AfDへの投票を促す要因として機能している。研究グループ「ヴァーレン〔選挙〕」が行った二〇一七年の連邦議会選挙の出口調査によると、労働組合員の一五%がAfDに投票したのに対して、非組合員は一二％であった。

社会階層への帰属や宗派といった統計的な要素だけでは、ナチ党の支持者の拡大や、一九三〇年以降の党員数の急速な増加は、ごく一部しか説明できない。ナチ党の選挙の成功の規模を理解するためには、時期によって変化していくダイナミックな説明要因を探し求める必要がある。失業者の増加もそのひとつだが、それに加えて農業や商業における負債の増加、ナチ党の組織的成長、新聞風土の変化がもたらす影響もそれに含まれる。事実、地域レベルでのナチの得票増加と農業・商業での負債の規模と増加、地域でのナチ党員数の増加と、地域の日刊紙がナチ党への支持を表明し、そのメッセージを拡散するという事実のあいだには、統計上、正の相関関係がある。

もっとも、失業率と市町村・郡でのナチ党の得票のあいだの負の相関関係をもって、大量の失業状態はナチの選挙における成功にとってなんら重要性はなかったという結論を導くことはできない。これは、ＡｆＤは外国人や難民の比率が低い旧東ドイツ地域において成功を収めているものの、だからといってこのテーマがこうした有権者にとって何ら重要性はもたないということを意味しないことと似ている。同様のことは、ナチ党と失業の関係についてもいえる。大量の失業状態に直接見舞われたのはおよそ八〇〇万人であるが、それを不安に感じたのは直接・間接の該当者だけではない。官吏や自営業者のように、どうみても失業状態にはなりそうもない人びとにとっても、また、職を（まだ）失ってはいないものの、この運命がいつ訪れるかとつねに不安を感じている労働者や職員にとってはもちろんなおのこと、失業率の上昇は中心的なテーマであった。商業を営んでいる人びともまた、大量の失業の影響をこうむっていた。長期失業者の数が一九三〇年以降一気に増加し、彼らはいままでのように物品を購入したり職人に仕事を頼んだりすることができなくなったため、商業の売り上げも落ち込んだのである。上層中産階級、あるいは上流階級の人びとですら事態を憂慮し、不安に感じていた。たしかに彼ら自身が失業によって困難に直面したわけではなかったが、その失業がもたらしかねない政治的な結末によって脅威にさらされていると感じることは、まれではなかった。こうした人びとのあいだでは共産主義や革命に対する不安が広範囲に広がっており、その結果とくにプロテスタントの大都市の、いわゆる富裕層の住む地域（ベルリンのツェーレンドルフやグリューネヴァルト、ハンブルクのハルフェステフーデやオトマールシェン）で、ナチ党はかなりの票を得ることになった。

ハイパーインフレ、しばしば見逃されがちの一九二〇年代の深刻な農業危機、そして生存を脅かす大量の失業状態をもたらした世界恐慌といった、さまざまな大規模な社会的危機の過程で、それまでの政党とのつながりが溶解していくということがなかったなら、おそらくナチ党は過激な泡沫政党のままだったであろう。ヴァイマル共和国の制度的不安定性、安定した連立政権を樹立できないヴァイマル諸政党の無力さ、世界恐慌に直面して政府が無力であるように思われたこと、そして政治的、知的、社会的エリートが共和国派と反共和国派に分断されていたことは、急進的な体制への敵対者であるナチ党が歩みだすための道を切り開いた。もちろん、ナチ党に投票したり、あるいは党員となった人びとのすべてが正真正銘のナチだったわけではないだろう。少なからぬ人びとはおそらく、現在の政治に対する抗議の意味でナチ党に投票したのだろう。それゆえ、ナチ党に投票した人びとの社会的構成や動機を全体としてみれば、彼らは抵抗の国民政党（トーマス・チルダース）であったと、十分な根拠をもって特徴づけることができる。

抗議は多くの有権者にとって、政治的スペクトルの最右翼に位置するこのＡｆＤという政党に投票しようと決めた動機づけになったものでもある。ＡｆＤはまた、国民の広範な層の心配や不安から利益を得ている。当初ＡｆＤの選挙での成功をもたらしたのは、メルケル首相によるユーロ救済策が、われわれの通貨の安定性と生活にコントロール不能のリスクをもたらすのではないかという（十分に根拠のある）心配だったが、二〇一五年秋以降は、無秩序な大規模移民受け入れによるリスクへの不安がそれに取って代わった。テロや犯罪率の増加への不安だけでなく、本質的に異質であると考えられているイスラームの宗教と文化への拒絶反応が、ＡｆＤの支持者のあいだでは国民平均よりもかなり高い。これに二〇一五年以降、徐々に政治から疎外され、急進化していった有権者が加わっていった。彼らはすでにとうの昔に、既存政党に背を向けていた。ナチ党がそうであったように、ＡｆＤの選挙における成功を促したのは、とりわけメンタリティという要因と危機への対応であった。もっとも、危機の兆候が人びとの認識から消え、政府が状況をきちんとコントロールできるようにみえれば、ＡｆＤが選挙で成功する可能性もふたたび減少していくだろう。

ベルリンはヴァイマルではない。こんにちの政治的、文化的、知的エリートは、第二帝政が崩壊したときと比べれば、比較にならないほど民主的で共和国を支持する見解をもっている。政党もまた、ヴァイマル共和国時代と比べれば妥協の用意があり、国民の大多数は自由民主主義的な体制に強い結びつきを感じている。それによって強力な忠誠のバッファーがつくられ、それは社会的な大きな危機を乗り越えることを助けてくれる。他方、決して過小評価するべきではない危機も存在する。政治的な雰囲気がどれだけ急激に変わりうるのかということを、フランス、オランダ、イギリス、アメリカ、オーストリアのポピュリストたちの成功は示している。西洋における民主主義的な体制の根幹が徐々に浸食されているという兆候は見逃すことができないし、ここドイツでも決して他人事ではない。その限りでは、もしふたたびヴァイマル共和国のような経済的かつ政治的な大きな危機が生じた場合に、ナチ党の勢力拡大を、あらゆる民主主義的な体制が直面している危機の不幸な前兆として捉えることは、当然であろう。とりわけ、ナチ党支持者においてそうだったように、そして他のポピュリズム政党においてそうであるように（ル・ペンやトランプ）、国民的、社会的な動機が同時にやってくる場合、きわめて危険な動員の潜在的可能性がそこから生じる。

ナチ党とＡｆＤの支持者の無視できない類似性を引き合いに出したいがために、ＡｆＤはナチズムのある種の再来であるなどと主張しても、この政党の性格を適切に特徴づけることはできないだろう。彼らの綱領は、たとえば結婚、家族、教育に関していえば、かつてＣＤＵ／ＣＳＵが基本綱領で述べていたこととかなり一致している。大量の移民と結びついたさまざまな問題に対する彼らの対応策は、ＣＳＵのそれとほとんど違いがない。一年前の世論調査では、当時のＡｆＤ支持者のおよそ三分の二は、もしＣＳＵが全国規模で立候補するならばＣＳＵに投票するだろうと答えている。もっとも、選挙戦術の観点からメルケルとゼーホーファー[†9]のあいだで取り交わされた、難民というテーマは選挙戦では扱わないという取り決めがあった二〇一七年の連邦議会選挙が終わったあとでも、なお彼らがそう答えるかどうかは、疑わしいところである。

　われわれを最も不安にさせるのは、二つの政党の有権者がもつメンタリティの類似性、政治的な疎外や、政治的エスタブリッシュメントやＡｆＤによって「旧政党」とか「カルテル政党」と呼ばれる政党（ナチ党は「体制政党」と呼んでいた）に対する、多くの場合ほとんど憎悪に満ちた拒否反応のごった煮、そして根拠がどのようなものであれ、とにかく自分たちの存在がきちんと受け止められていないという感情である。ヘッケ[†10]とポッゲンブルク[†11]を中心とする民族主義的《フェルキッシュ》でナショナリスティックなグループが党内で影響力を拡大し、さらに選挙で勝利を収めれば、ナチ党の勢力拡大との類似性は、いま以上に大きくなるだろう。全体として現在のＡｆＤはどちらかといえば、フーゲンベルクが加入する前の国家国民党のような国民保守的な運動であり、古典的な意味での極右政党ではない。しかし、世界恐慌のような長期的で深刻な経済危機の結果、ＡｆＤのような政党が、自由民主主義的な連邦共和国の国制を脅威にさらす急進化した運動の中核となる、潜在的な脅威は存在する[†12]。その限りにおいて、とりわけ左派において愛されている警句「足跡が怖がらせる（vestigia terrent）」はまったく正しいのである。

（ユルゲン・Ｗ・ファルター）

†1　現在のドイツにおける選挙制度は、小選挙区比例代表併用制を採用している。有権者が小選挙区と比例代表の二票をもつところは、日本が採用している小選挙区比例代表並立制と同じだが、各党の議席数が比例代表の得票率によって決定される点が決定的に異なる。ヴァイマル共和国では純粋比例代表制により国会選挙が行われていたが、得票数に応じて小党にも議席が配分され、そのために政治の不安定化を招いたという反省から、戦後西ドイツでは五パーセント阻止条項（第2章参照）が定められた。

†2　ＡｆＤの支持率は、各世論調査会社によると二〇一九年三月時点で一二〜一四・五％。

†3　一九八三年創設。連邦議会に進出したことはないが、一九八九年の西ベルリン市議会選挙、一九九二年、一九九六年のバーデン＝ヴュルテンベルク州議会選挙などで五パーセント阻止条項を突破して議席を獲得したことがある。

†4　第二帝政における反ユダヤ主義政党「キリスト教社会党」を源流とし、フーゲンベルクのヴァイマル共和国に対する強硬姿勢に反発してドイツ国家国民党を離党した勢力が合流して、一九二九年に結成。一九三〇年の国会選挙では一四議席を獲得した。

†5　一九八七年創設。連邦議会に進出したことはないが、一九九八年のザクセン＝アンハルト州議会選挙、一九九九年と二〇〇四年のブランデンブルク州議会選挙で五パーセント阻止条項を突破して議席を獲得したことがある。

†6　一九六四年創設。連邦議会に進出したことはないが、一九六〇年代の西ドイツにおける各州議会選挙で五パーセント阻止条項を突破したほか、二一世紀になってもザクセンやメクレンブルク＝フォアポンメルンの州議会選挙でたびたび議席を獲得している。二〇一四年の欧州議会選挙で一議席を獲得。

†7　「大学教授」とは、かつてＡｆＤの党首を務めていた、ハンブルク大学のマクロ経済学者ベルント・ルッケをさしている。路線の違いをめぐる党内の権力闘争に敗れたルッケは、二〇一五年七月に支持者とともにＡｆＤを離党し、新党「進歩と新たな出発の連盟」を立ち上げた。新党は二〇一六年一一月に「自由保守主義的改革者」に改称し、ルッケは二〇一八年一一月

以降その党首を務めている。

†8　シェフラーは、二〇〇五年から二〇一三年、および二〇一七年以降ＦＤＰの連邦議会議員を務める。ギリシャの債務危機に端を発するユーロ危機においてギリシャ救済を強く批判し、ＦＤＰも参加するメルケル政権によるヨーロッパ安定メカニズム（ＥＳＭ）にも反対した。二〇一三年の連邦議会選挙においてＦＤＰは四・八％の得票率にとどまり、五パーセント阻止条項によってすべての議席を失った（二〇一七年の連邦議会選挙で一〇・七％を獲得し、ふたたび国政に復帰）。

†9　ホルスト・ゼーホーファー。バイエルン州を拠点とするキリスト教社会同盟（ＣＳＵ）に所属し、長く連邦議会議員を務め、いくつか大臣職を経験したのち、二〇〇八年から二〇一八年までバイエルン州首相、二〇〇八年から二〇一九年一月までＣＳＵ党首を務めた大物政治家。二〇一八年三月から第四次メルケル政権で内務大臣に就任したが、難民受け入れ政策をめぐりメルケル首相と激しく対立した。二〇一八年一〇月のバイエルン州議会選挙で大敗を喫した責任を取るかたちでＣＳＵ党首からは退いたものの、二〇一九年四月現在も内相にはとどまっている。

†10　ビョルン・ヘッケ。二〇一四年から、テューリンゲン州のＡｆＤ党議員団長。二〇一五年、ポッゲンブルクとともにＡｆＤの保守への方向転換をもとめる「エアフルト決議」を起草するとともに、党内の極右勢力グループ「翼（Der Flügel）」を創設。その結果、前述の路線対立が党内で起こり、ルッケなどの集団離党を引き起こした。ベルリンのホロコースト記念碑を「恥の記念碑」と呼ぶなど、極右的傾向や歴史修正主義の傾向が強いとされる。

†11　アンドレ・ポッゲンブルク。二〇一六年以降、ＡｆＤ所属のザクセン゠アンハルト州議会議員。二〇一四年から二〇一八年まで同州代表。二〇一九年一月にＡｆＤを離党し、新党「ドイツ愛国者の覚醒」を設立。二〇一五年、ビョルン・ヘッケとともに「エアフルト決議」を起草し、「翼」を設立。「民族共同体」「民族体」といったナチ時代の用語を、肯定的な意味で利用してきている。

†12　古代ローマの詩人ホラティウスが『書簡誌』で言及した、イソップ寓話でも有名な「ライオンとキツ

ネ」の話。ライオンが病気のふりをして穴にこもり、見舞いにやってきた他の動物を襲って食べていた。そんなとき、やってきたキツネは穴に入ろうとしない。その理由をライオンが尋ねると、キツネは次のように答える。「なぜなら足跡がわたしを怖がらせるのです。すべてがあなたの方へと向いていて、戻るものがひとつもありません」。

第5章 〈経済〉

ヴァイマル共和国の真の墓掘人——問題の累積をめぐって

現代史においてヴァイマル共和国の没落というテーマほど、集中的な議論の対象となってきたものは少ない。その際、左右の急進派諸勢力から挟撃された共和国が危機のさなかに破滅したとする「共和派なき共和国」テーゼが、長いあいだ通説とみなされてきたが、その後議論の焦点はそのあとの時期、すなわち世界恐慌、ならびにそれが深刻化した一九三一年夏へと移った。遅くともこの時期には、エリート市民層の大部分が、議会に基盤をもたない政府に対していかなる状況改善も期待しなくなっていたことが、ヴァイマル共和国の没落につながったという説である。この説によれば、共和国の墓掘人はまずもってハインリヒ・ブリューニング首相〔在任一九三〇年三月~三二年五月〕であり、彼はその緊縮政策によって危機を劇的に先鋭化させた張本人とされる。仮にブリューニングが別の政策に着手していたら、また仮に大企業が利己的な理由からヴァイマル社会国家〔福祉国家〕を破壊しなかったならば、ヴァイマル共和国という実験は決してヒトラーの権力掌握で終わらなかったに違いない、というのである。こうしたハインリヒ・ブリューニングへの批判的見方に対し、ミュンヘンの経済史家クヌート・ボルヒャルトは一九七〇年代末以来、十分な論拠にもとづいて異議を唱えており、ブリューニング批判者にみられる「後出しの問題解決万歳論（rückwärtsgewandter Problemlösungsoptimismus）」に苦言を呈してきた。仮に一九二九年から数年間にわたる経済的困難が容易に解決できていたとするならば、その場合にのみブリューニング批判者たちは正当だといえよう。実際、この「ブリューニングに対する批判的な」見解はこんにちにいたるまで多くの人びとが当然視しているように思われる。現在の一般的な見解では、ヴァイマル共和国は少なくとも短期的に制御不能に陥った問題状況のなかで破滅を迎えたのではなく、むしろ責任あるエリートの意志が欠如した状況下で破綻したとされる。たしかにエリートの対応が間違っていたのは、個別事例においては疑いようがない。とはいえ、世界恐慌のさなかに政治に過大な要求を突きつけることになった、第一次世界大戦後ならびにヴァイマル社会国家の未解決の諸問題は、まさにブリューニング政権がそれより前の数々の政権から引き継いだものだったがゆえに、そのうちのごくわずかにしか対処しえなかったのではなかろうか。この問いに答えるのは簡単ではない。ただ、ヒトラーの直接的な前任者という災難な立場にあった人びとに対し、共和国崩壊の責任を負わせることは安易に過ぎると思われる。ヴァイマル共和国という政治体制は、世界恐慌以前の段階から長期にわたって深刻な諸問題に直面していたし、それらは周知のとおり山積みといえる状態だった。そしてしまいには、世界恐慌がこの状況を劇的に先鋭化させたのである。したがって、ヒトラー政権の到来は不可避なものではなかったかもしれない。ただそれでもなお、こんにちヴァイマル共和国が民主政治の不吉な前兆とみなされているのであれば、それはおそらく、むしろほとんど統制不可能な問題の累積ゆえである。そしてこうした問題の集積は、何も一九二九年に始まったわけではないのだ。

ヴァイマル共和国の問題状況の中核をなしたのは、とりわけ第一次世界大戦の結果として生じた、まったく相異なる種類の経済的・社会的な困難であった。最初のドイツ共和国が自らを社会国家として理解していたことは、戦争犠牲者の生活保障と同程度に、近代民主主義の自己理解ともかかわっていた。近代民主主義においては物質的利益、とくに困窮した市民のそれを看過したり、あるいはせいぜい慈悲深い家父長制的な対応でお茶を濁したりすることは、もはや許されなくなったのだ。具体的にいえば、窮乏した共和国は莫大な費用を必要とする国家の支出を賄わねばならなかった。国内総生産において国家支出が占める割合は、推計では一九一四年以前の段階で約一五％だったものの、大幅に上昇せざるをえなかった。一九一九／二〇年に近代的な租税制度を生み出したエルツベルガー〔財務大臣・在任一九一九年六月〜二〇年三月〕の税制改革は、大規模な増税にほかならなかったが、当初は特段の注目を浴びることはなかった。なぜなら政府とライヒスバンク〔中央銀行〕はさらに紙幣を増刷することによって、共和国を安定へと導いたからである。それは一時的な成功を収めたものの、少なくとも賠償をめぐる紛争が激化した一九二一年の段階にはすでに、インフレの抑制が効かなくなってしまっていた。一九二三年のルール占領後にはハイパーインフレが到来し、手元にあった現金と有価証券は、一九二三年秋に通貨が再建された際にその価値を失った。インフ

図5-1　1ドルが80万マルク相当だったころ。ハイパーインフレの時期、1923年ごろ。

レは戦争の負担を押しつけるという意味で、国民からの収奪にほかならなかったのだ。このことは、かつては裕福だった市民層の大部分が共和国の存在を受け入れる上で、大きな障害となった。一九二四年にはさらに、これまでインフレというヴェールのもとに覆い隠されてきた高税率が、問題として明確に認識されるようになった。最高税率はふたたび引き下げられたものの、一九二〇年代後半には国内生産において国家の占める割合がはっきりと三〇%を上回った。大規模な経済問題に直面したことで、とくに企業が過剰な負担を強いられたのだ。くわえて国家は、膨らんでいく歳入をもってしても、支出を賄うことができなかった。財政は一九二四年には黒字だった。にもかかわらず、いや、まさにそれゆえに、支出は景気政策および社会政策的な条件のもと、一九二五～二六年にはすでに上昇していた。その後国家財政は赤字へと転じた。一九二五年から一九三〇年までの歴代ヴァイマル政権にとって、こうした赤字をどのように調整すべきか、税制改革によってか、公務員の削減によってか、国家支出の削減によってかは、争点のひとつであった。しかし解決策は見つからなかった。

一九二四年の賠償方式であるドーズ案によって、ドイツが新たに多額の負債を抱え込むおそれはなくなった。一九一九年から一九二三年にかけて、かつての交戦国とドイツとのあいだで賠償金額をめぐる論争が巻き起こった。そしてこの論争は、一九二四年のドーズ協定をもって沈静化した。アメリカの商業銀行による仲介のもと、ドイツは毎年約二〇億金マルクの支払いのために大規模な借り入れと国際資本市場の開放を承諾し、同時にライヒスバンクの国際的なコントロール、ならびに第一次世界大戦前の平価にもとづく金本位制への復帰を受け入れた。それとともに、政府がもつ経済・財政政策上の行動の余地は、かなり制限された。とりわけライヒスバンクから政府への融資については、きわめて限定的な枠組みしか用意されなかった。フランスとイギリス自身がアメリカに対する多額の借金を抱えており、またワシントンがその全額返済を強固に主張したため、両国は賠償問題についてドイツに対して妥協するつもりはほとんどなかった。この結果ドーズ案によって一種の「債務の回転木馬」が登場することになる。ドイツがまずアメリカから融資を受け、その助力を得ながら賠償債権国への支払いをし、そこから少なくとも一部の資金がアメリカへと流れた。アメリカはそれをさらに商業貸付としてドイツに再融資した。ドイツは次なる賠償金支払いを外国為替で行うべく、外貨を必要としていたのだ。このような債務システムは、第一次世界大戦が引き起こした経済的な構造移動〔ヨーロッパからアメリカへの、世界経済の中心の移動〕を強固なものとした。なぜなら、戦争の最大の受益者はアメリカだったからである。ドイツ、イギリス、そしてフランスが重要性を失い、それどころかドイツにいたっては世界最大の債務国へと完全に転落したのに対して、アメリカは債務国から世界最大の債権国へとのし上がった。イギリスは第一次世界大戦の資金供給のために、海外資産の相当部分を売却しなければならなかった。世界経済の中心地たるロンドンは、深刻な脅威にさらされた。その原因は、アメリカが世界経済への責任をほとんど引き受けず、むしろこれ以上ないほど利己的に振る舞った点にも求められる。戦争の結果アメリカは、世界全体の金保有量のほぼ半分を所有することになり、また政治情勢の不透明さゆえにヨーロッパからの金の流入がさらに続いた。アメリカはグローバルな金融の流れの中心となったものの、その調整を妨げた。なぜならそうなっても、国外の商品やサーヴィスの購入に資金の投入がなされなかったからである。むしろ実態としてはその逆であった。アメリカは一九一四年以前と同じく、一九二〇年代にあっても最も高い関税障壁をもつ国だった。それゆえその債務者〔つまり輸入者〕は、自らの債務に見合う対価、あるいは少なくとも金利負担と同等の額を輸出によって稼ぐチャンスを得られなかった。その代わりにアメリカの商業銀行は、ヨーロッパの金融市場に信用貸しを行っていた。たとえばイギリスとドイツは、金本位制を守るために金利を高く維持せねばならなかったが、それゆえにヨーロッパの金融市場は魅力に満ちていたのである。これはとくにイギリスにあてはまる。金融の中心地たるロンドンがもつ地位を何の抵抗もなく放棄することを良しとしないイギリスは、その役割を維持すべく、一九二〇年代には金本位制だった大戦前の平価へと回帰した。しかしこうした歩みは、大戦中に膨れ上がった通貨供給量を考えると、とくに経済・社会政策の分野において、国家支出を著しく制限することによってのみ可能であった。この結果、鉱山労働者による一年間のストライキだけでは済まず、大規模なゼネストがしばしば経済全体を麻痺させることになる。

イギリスやドイツに明確に現れていたそうしたネガティヴな力学から距離をとることができたのは、一九二七年にようやく金本位制へと回帰したフランスだけだった。フランがきわめて低価値な状態にあったフランスは、金融の流れの中心地にさえなり、たちまちアメリカに次いで世界第二位の金準備高を誇ることになる。それゆえ「債務の回転木馬」の成否は、アメリカの（そして限られてはいるもののフランスの）銀行がヨーロッパへの信用貸しをする準備があるか否かにかかっていたが、もちろんそうした構造は、その不安定性をさらに強めた。なぜなら、アメリカの資金の大部分は、ヨーロッパの資本市場への中・長期的な投資ではなく、むしろ短期的な貸付として金融市場に流れ込んでおり、そうした資金はつまるところ、アメリカの状況が変わればすぐさま枯渇する可能性をもっていたからだ。こうしたリスクは同時代人にとっても、まったく周知のものだった。実際、オーストリア出身のスイス人個人銀行家であるフェリックス・ゾマリーは、目前に迫る巨大な危機について警告し続けた。しかし、政治的・経済的問題が数多く存在し、その包括的な解決がまったく不可能ななかで、公然たる紛争がふたたび巻き起こってアメリカからの貸付が止まってしまうよりは、現状維持のほうがまだましであるようにみえた。こうして国際的な財界人のほとんどは、選択肢がないなかで、不安定が周知のものとなった状況を容認するようになった。

こうした危うい現状維持の陰で、それ以外の問題が軽減するなどということはなかった。世界経済を苦しめたのは、アメリカが自国市場を閉鎖状態に保ちつつ、あくまで短期間のみヨーロッパに関与しようとしていたことだけにとどまらない。ヨーロッパと中東では第一次世界大戦後に数多くの新興国民国家が誕生したが、それらの国々は関税障壁を打ち立てることで国際競争から身を守っていた。かつての交戦国もまた、差別的な貿易規制によってさらなる不利益を自ら招こうとしていた。さらに状況を困難にしたのは、ヨーロッパからの輸出途絶が原因となって大戦中に多くの国々で自国産業が誕生する、ないしは既存の生産手段が大いに拡大されるという事態が生じていた〔ため、世界的に生産が過剰になっていた〕ことである。ヨーロッパの鉄鋼生産能力だけでも、戦後には戦前より三分の一増加していた。とくに劇的だったのは農業をとりまく状況である。大戦中に高値を誇った農産物の世界市場価格は、遅くともロシアの穀物輸出が再開されてからは下落の圧力にさらされるようになった。世界経済は絶え間ない構造的な危機へと陥った。多くの国でまだ国民の三分の一以上が農業に従事していたという事実を考えると、その負担の重さがわかるだろう。くわえて金本位制という枠組みにおいては、それを維持するために抑制的な財政政策が必要であったため、それぞれの国家の行動の余地は限られていた。ドイツでは一九二〇年代を通じて、もともと基盤が脆弱な各政権は強硬な財政削減には尻込みした。しかしその結果として各政権が陥ったのは、財政赤字がすぐさま膨れ上がるというディレンマだった。そのため、産業界から繰り返し要求された負担軽減の希望は満たされる見込みがなく、したがって、大企業が望む負担軽減は実現不可能であった。くわえて極端に低い利益率を考えると、国内市場強化のために労働組合が繰り返し要求した賃金上昇は、社会的には理解できるものの、経済的には困難であった。もしそれを行ったとしても、需要創出にはほとんど効果がない一方で、企業の負担はさらに増加しただけであろう。企業の考えとしては、それどころか本来は賃下げを行わねばならなかった。しかし国家による強制仲裁システムは、経営者が自身の有利な立場を利用して賃金コストを削減する可能性を阻害した。当然その代償として、賃金水準の継続性を保証する存在としての国家は、鉱山部門のように大きな構造的問題を抱える業界から、ますます激しい批判を浴びるようになった。大戦前と比較して投資率が劇的に低下した結果、当然のことながら、すでに稼働率の高くなかった生産手段は拡張されず、投資は生産の技術的近代化とその合理化に振り向けられた。結果として、人の手による仕事が機械に置き換えられるか、または削減される傾向がますます強まった。この種の内部コストの削減は、熾烈な争いが繰り広げられる世界市場での競争力を向上する上で、多くの場合成功を収めた。しかしながら、そうした削減はある点で逆説的な結果をもたらした。競争力の向上が総体としての経済力を高めれば高めるほど、経済全体の生産手段問題は硬直化し、〔労働者の流動性が減少したため〕恒常的に失業する人びとが生まれ、その結果ヴァイマル社会国家への要求が増大したのだ。

こうした事情から、大規模な国民経済を有するドイツやその他の国の経済状況は、世界経済の雲行きが怪しくなってきた一九二八年の段階ですでに芳しくなかった。「債務の回転木馬」と、それにともなう世界経済の分業体制が崩壊した場合、次なる経済危機は壊滅的な規模のものになるに違いなかった。世界経済会議で対策を講じるという試みは、効力を発揮しないままだった。国際連盟は問題を認識していたが、対処する力をもたなかった。一九二八年にはアメリカが金の流出を恐れて資本輸出を制限した。このことは加熱するニューヨークの株式市場にさらなる燃料を与えた。すなわち、米国内に残っている資金が株式市場に流れたのである。これはヨーロッパの債務国にとって良い兆候ではなかった。なぜなら自国の赤字をアメリカの信用貸しで埋め合わせるのが、これを機により一層難しくなったからだ。貨幣市場での信用貸しをアメリカが引き揚げたとき、状況は破滅的なものにならざるをえなかった。ドイツではあらゆる問題がヤング案をめぐる大論争のなかで結びついた。ヤング案は一九二八／二九年にドーズ案に代わり登場したプランである。アメリカ人銀行家であるオーウェン・D・ヤングにちなんで名づけられたこのプランは、一九八〇年代までのドイツの債務額と年ごとの割賦額（一九三〇年時点の国民所得の二〜三％に相当）を確定することを計画していた。またその見返りとして、ドイツに対する国際的な統制は緩和される予定だった。しかし当のドイツでは、グスタフ・シュトレーゼマンのもとで交渉を経て決められたこのプランが、深刻な対立を引き起こしていた。それはとりわけ右派急進派諸政党、あるいはドイツ国家国民党（DNVP）内のフーゲンベルク派により、彼ら自身の目的のために容赦なく利用し尽くされた。ヤング案に反対する国民投票それ自体は失敗に終わったものの、ヒトラーとフーゲンベルクの周辺では、右派戦線がいまや一大勢力となってその姿を現した。この戦線はその後無視できないほどの存在になる。一九二九年秋、ウォール・ストリートでのセンセーショナルな喧騒ののちに世界恐慌が発生したとき、すでにドイツの経済は困難な状況にあるとみなされていたし、この当時のドイツ政治はあまりにも分断されていて、もはや小規模な改革を遂行する能力すら残っていなかった。へルマン・ミュラー（社会民主党）首相の大連合内閣は、もともと改革に向けた議会内多数派を形成していたが、一九三〇年春に財政再建問題のせいで崩壊した。この問題で社会民主党（SPD）は譲歩の姿勢をみせず、自由主義右派の国民党（DVP）は失業保険の財源をめぐる争いを、不人気だった社会民主党との連立政権を解消するための手段として利用した。〔ミュラー大連合政権の崩壊後〕それまで国会で中央党の議員団長を務めていたハインリヒ・ブリューニングが首相職を引き継いだ。必要とあれば、議会多数派の抵抗を押し切ってでも憲法第四八条〔大統領緊急令〕によって彼を助けるという約束を、大統領ヒンデンブルクからとりつけた上で、ただちにブリューニングは、内的減価〔生産コストの引き下げ〕（国家支出の制限、賃金・物価・手数料の引き下げ）という強硬な政策を開始した。ブリューニングはそうすることで、世界市場におけるドイツ経済の競争力を向上させ、それと同時にこれまでの賠償システムが限界に達していることをはっきりと示そうとした。だが予想された通りに、ブリューニングはまず国会で左右の反対派の抵抗に遭い挫折した。ヒンデンブルクはこれを受けて国会を解散し、一九三〇年九月に解散総選挙を行うことを公示した。この選挙はナチ党の地滑り的な勝利をもたらし、同党は得票率二%から一八%への躍進を果たすと同時に、ブルジョア陣営を完全に打ち破った。この青天の霹靂のせいで、社会民主党は引き続きブリューニングの政治を容認することになった。さらなる国会の解散を回避するためである。もちろん、これにより社会民主党はとくに共産党から批判を浴び、ブリューニングへの容認姿勢を「社会ファシズム」だと非難された。

議会内からの反対に拘束されることのないブリューニングは、生産コストを引き下げる政策を推し進め、どのみち搾取されるしかない国民にあらゆる負担を要求したが、当初はかなりの成功を収めた。ほとんど赤字だった貿易収支は一九三〇年に黒字に転じた。危機のなかにあって対外貿易が一定程度安定化要因となったのだ。一九三一年初頭には景況は上向いていた。しかしそのとき、国際的な債務危機が解決していないことの報いが来た。一九三一年五月には債務超過に陥ったオーストリアの銀行各社が支払い不能に追い込まれ、ノルトヴォレ株式会社[†1]の倒産に続いて〔ドイツ第二位の銀行である〕ダナート銀行[†2]が破産すると、六月からはドイツの銀行各社が次々と倒産した。国外からの信用貸しが引き揚げられ、大銀行は軒並み支払い不能に陥り、取り付け騒ぎが発生した。事態は国家が銀行の休業日〔三一年七月一四日および一五日〕を定めたことで、ようやく沈静化した。国家はそれからすぐに対策に乗り出し、銀行業では強制合併と部分的な国有化がなされた。ライヒスバンクは危機のなか、外国為替でかなりの損失を余儀なくされ、さらにドイツ政府も外国為替取引への強制介入を行った。国外の投資家はもはやドイツから自分の貸付を回収することができなくなった。彼らはその代わりに自らの資金を他の国々、とくにイギリスから撤退させた。イギリスでは一九三一年九月に一種のパニック行動が起き、その過程で金本位制の放棄とポンドの切り下げ、そして保護関税ゾーン（帝国特恵関税）への退却が行われたのだった。これは世界経済にとってさらなる痛手となった。とくにアメリカでは、とにかく自らの利益にもとづいて行動しようという決意が顕著になった。すでに一九三〇年には関税が徹底的に引き上げられ、一九三二／三三年には金本位制すら放棄されるとともに、ドルが切り下げられた。これによりブリューニングの戦略は事実上命脈を絶たれた。にもかかわらず、彼は自身の戦略に固執し続けた。その結果、一九三一／三二年の冬における危機の先鋭化は、彼の緊縮政策の結果だと非難されたのである。一九三一年夏以降、ブリューニングが果たして自身の政策を変更しなければならなかったのか、ないしは変更することができたのかは、こんにちまで論争の的となっている。

歴史的な比較の観点からすると、ブリューニングの行動可能性の問題は、結局のところあまり興味深いものではない。繰り返し主張されてはいるものの、一九二九年と二〇〇八年の危機はほとんど比較不可能である。二〇〇八年の危機を限定的な規模にとどめたのは、一九二九年の危機には欠けていたものだった。すなわち、かなりの程度発達した社会国家である。少なくともドイツにおいては、そうした国家が失業問題をほぼ自動的に緩和し、多額の〔失業から転職までの〕移行期給付(Transferleistungen)[†3]によって国内市場を安定へと導いた。通貨安政策と景気プログラム(廃車奨励金など)はたしかに注目を浴び、政治的な行動力を目に見えるかたちで示した。ただし、いわゆる自動安定装置(ビルトイン・スタビライザー)[†4]に比べると、ほとんど意味をなさなかった。世界恐慌に対してブリューニングが負うべき責任は小さいし、ブリューニングが犯したとされる誤りから学んだと主張される政策が成功したから、世界金融危機が大した損害をもたらさなかったというわけでもない。このように、〔問題の責任者を追及するという〕政治的見地からは容易に思いつくものの、学問的にはあまり説得的でない比較をしてしまうと、ヴァイマル状況がもつ本来の教訓は簡単に見失われてしまう。むしろヴァイマルの経験が示すのは、信用貸しと債務によって安定した状況は、中心的な問題領域が同時に排除されない限り、ひどく脆弱だということだ。そしてさらにいえば、民主主義的に選出された政府は、深刻な危機の時代にあって自らの正統性を失いたくないのであれば、国際的な義務よりも国家としての行動能力を優先するし、事実優先せざるをえないということを、ヴァイマルの経験は示している。むしろそうした問題の集積から本当に学ぶべきなのは、それに歯止めをかけようとしなければ、選択肢はどんどん狭まってほとんど統制不可能な状況のエスカレートを招き、自国中心主義に陥りかねないという歴史的教訓である。この点で、現在と当時は、大半の人びとが思っているほど異なっているわけではない。たしかに現在の問題は置かれた状況も構造も部分的に異なるし、とりわけ西欧大国の国民経済は現在は高度の生活水準を手にしている。しかし、グローバル化がきちんとコントロールされていないのではないかという印象、あるいは事実コントロールされていないことによって、国民の多くの社会的地位が脅かされているという不安には、まさに、なぜ（社会）保護主義的な措置が要求され、国際協力よりも国家としての行動能力が優先されるのかという理由の一端がある。国際協力は、多くの問題を管理することまではできても、解決することはできないのは明らかである。戦間期が教えてくれるのは、国際協力が崩壊したことが諸問題の本当の原因なのではなく、むしろそうした問題をコントロールすることがますます難しくなっていくなかで、それにもかかわらずそれぞれの国々が民主主義という条件のもとで国家としての行動能力を（ふたたび）つくり出そうとした結果、国際協力が崩壊したのだということだ。

あまりにも長いあいだ、無為無策で問題が解決するのをただ待っていたり、問題を先延ばしにできると信じていると、国際協力崩壊の傾向に拍車をかけることになるだろう。

（ヴェルナー・プルンペ）

†1　ノルトヴォレは略称で、正式には「北ドイツ梳毛・梳毛糸紡績株式会社」。

†2　ダナートは略称で、正式には「ダルムシュテッター・ウント・ナツィオナール銀行」。

†3　登録後九年以上が経過した古い車を廃棄した上で、温室効果ガスの排出基準を満たした新車を購入した場合、一台当たり二五〇〇ユーロが支給されるという奨励金制度。

†4　国家の財政制度に備わっている、景気変動を自動的に調節する機能のこと。不況になれば人びとの収入も減り、それに応じて税額も減るので、個人の可処分所得が増えて消費が拡大し、さらに失業保険の給付など社会保障によって民間の購買力が下支えされる。反対に好景気になれば税額が増え、購買力が抑制されるので、景気の過熱に歯止めがかけられる。

第6章 〈国際環境〉

番人なき秩序——戦間期の国際紛争状況と軍事戦略の展開

一九一九〜二〇年のパリ講和諸条約はヨーロッパの秩序を新たにつくりかえた。ヴェルサイユ条約、サン・ジェルマン条約、トリアノン条約、ヌイイ条約、セーヴル条約——署名場所となったフランスの首都郊外の名前で呼ばれるそれらの条約は、ヨーロッパ大陸における政治勢力関係だけでなく、中東欧および中東における新しい諸国の秩序をつくりだした。[†1]しかしこの新秩序は、旧来のすべての問題を解決したわけではなく、それどころか多くの場合、新たに傷口を広げることになった。敗北したドイツでは、とりわけヴェルサイユ条約が議論の的になり、政治勢力は右派から左派にいたるまでこれを拒絶し攻撃した。一連の領土割譲、とくにアルザスとシュレージエンの一部の割譲は不当であり、勝者による強要だと思われた。実際、ヴェルサイユ条約や他の条約でも、合衆国大統領ウッドロー・ウィルソンが提唱した民族自決権は、戦勝国の安全保障観や新独立国の要求と合致させることができなかった。戦間期の秩序は、その基底をなす正統性原理〔である民族自決〕

とパリで決められた国境線画定が調和していないという苦悩を抱えていた。

そのうえ、ドイツはパリ講和会議に対話のパートナーとして参加できず、戦勝国が決定した条件を受諾するだけだった。つまりヴェルサイユ条約は強要された平和であり、交渉によって得た平和ではなかったのである。ヴェルサイユ条約の署名を拒否すればドイツにとってより不利な状況がもたらされることが予想されたため、ヴァイマル連合は紆余曲折の末に署名したのだが、それは新しい共和国にとって重い負担となった。この負担は、共和国の挫折にいくぶん貢献した。保守派と右派にはヴェルサイユ条約を修正しようという考えが芽生え、まもなく修正のための戦争が議論されるようになった。しかしドイツ人の大多数が世界大戦の悲しみや苦労を覚えている限り、それは机上の空論にとどまった。ヒトラーの台頭まで、パリでつくられたヨーロッパ秩序へのドイツ人の不満はドイツの内政問題にすぎず、国際秩序そのものにとっての問題ではなかった。

パリにおける交渉の最大の問題は、ドイツの認識とは違ってヨーロッパ中心部の大国との関係ではなく、一九一七年ないし一八年まで中東欧、バルカン半島および中東を支配していた三大帝国の崩壊にあった。戦後秩序がヴェルサイユ条約によって決定されたと考えては、その多くが見過ごされてしまう。つまり、サン・ジェルマン条約、ヌイイ条約、トリアノン条約、セーヴル条約こそがより大きな問題であり、実際、ヒトラーがヴェルサイユの秩序をやり玉にあげるずっと以前から、それらの適用範囲では戦争が起こっていたのである。中東欧およびバルカン半島は、一九一九年から一九三九年のあいだ、一般市民に対する恐るべき残虐行為が頻発する恒常的な紛争地域であった。

そのことはこれらの諸国の国家秩序にとって後々まで尾をひくことになった。一九一八〜一九年に新しく成立した中東欧・南東欧諸国のうち、一九三八年の時点ではチェコスロヴァキアだけが民主制を保っていたが、それもヒトラーによって取り除かれた。

ドナウ君主国〔オーストリア゠ハンガリー君主国〕、ロシア帝国、オスマン帝国という多民族・多宗教・多言語的な大帝国が崩壊したのちに成立した、これらの地域の新秩序は、パリの平和構築者にとって多くの点で非常に困難な問題を投げかけていた。民族的な同胞意識を強く求める住民グループは、多くの場合まとまった地域に住んでいるわけではないので、国家の領域と民族的帰属が一致することはなかった。ポーランドなどの新しい国民国家は、歴史上何度もその国境を変化させてきた広域国家を伝統にした。それゆえ膨張主義がここでは支配的となった。それ以外のハンガリーのような諸国は、いまや他国に住む民族人口の大部分を失い、そこから修正という考えが成長していった。そうして他の国々もまた不満をもつ隣国によって脅かされていると感じ、国家防衛を準備した。

西欧的観点から「戦間期」と呼ばれるものは、中東欧・南東欧にとっては、内戦とも国家間戦争ともはっきりしないような戦争が漫然と続く時代であった。ここでは、三〇年戦争の後にミュンスターとオスナブリュックの講和〔ウェストファリア条約のこと〕にもとづいて一六四八年にヨーロッパに打ちたてられた国際体系である、「ウェストファリア体制」の基本原則が失われていた。それは、国家の内部と外部を明確に区別し、三〇年戦争の惨禍がふたたび起こることを阻止するために戦争のルールを成立させるというものであった。東方の諸帝国は「ウェストファリア体制」の構成要素の一部（少なくともオーストリア＝ハンガリー君主国には当てはまる）でしかなく、その崩壊後に発生した戦争は、戦時国際法の方向性にもそぐわないものだった。そうした戦争は、すでに第一次世界大戦中にもみられた（トルコによるアルメニア人虐殺、ガリツィアのユダヤ人に対するロシア軍の組織的干渉）が、とくにそれに続く戦争においては無制限の暴力として燃え上がった。ヨーロッパ・ユダヤ人に対するドイツ国防軍の犯罪もまた、こうした残虐行為の継続と激化だったといえる。

この時代の記憶と、それが全ヨーロッパに影響を与える政治的不安定さは、ソ連の崩壊後におけるヨーロッパ連合（EU）の早急な東欧拡大（そしてNATOの東欧拡大）の原動力となった。それはかつて、イベリア半島の（スペインでは恐怖に満ちた内戦後の）独裁体制への移行という記憶が、EUの南欧拡大への原動力となったのと同じであった。[†2] こうしたことは、ドイツの世論ではたいてい見過ごされている。それは、ヴェルサイユ条約によって決定された戦間期ヨーロッパの国際体制の歴史的記憶が不十分にしか教育されてこなかった結果でもある。

長きにわたってひとつの大帝国に支配されていた諸地域の政治的新秩序の問題からは、政治的に多くのことを学ぶことができる。これらの学習（ないし無知）の結果は、ソ連とその対外的な統制力の崩壊によって、ふたたび政治日程に上った。西欧人は「ウェストファリア体制」の枠内で、国民的帰属と安全保障戦略を生みだす国境のために何世紀にもわたって戦い抜いてきたが、ソ連崩壊後の中東欧・南東欧人に同じ時代感覚を当てはめるべきではない。それは「非同時的なるものの同時性」（エルンスト・ブロッホ）[†3]の問題に属することだ。戦間期の場合、その結果はあまりにも恐ろしいものであった。

さらに第一次世界大戦の末期、ロシアでボリシェヴィキが権力を奪取すると、言語的ないし文化的アイデンティティではなく、階級への帰属という基準によって東欧の国民文化的な新秩序を構築しようとするプロジェクトが始まった。中東欧におけるいくつかの戦争、たとえばポーランドとソヴィエト・ロシアの戦争は、両者の秩序構想、つまり言語や文化にもとづく秩序と、階級への帰属にもとづく秩序の重なり合いから発生したものだった。それは、パリの平和構築者たちが秩序を見いだすことを困難にした。そのうえ、新生ソヴィエト・ロシアの代表者がパリ講和会議に招待されなかったことも問題であった。戦争の発生に決定的な役割を果たしていたオーストリア＝ハンガリー君主国は、もはや存在しなかった。すでに正式な終戦を迎える前に、そこに所属していた諸民族のいくつかはハプスブルク帝国に別れを告げていた。それゆえオーストリア＝ハンガリー君主国の外交官たちを招待することは不可能だった。これに対し、ボリシェヴィキを招待することは可能だったであろうが、そのまだ信頼のおけない権力を安定化させないためにも、彼らの招待は望まれなかった。さらにロシアでは内戦が勃発していた。そのなかで誰が最終的に勝者となるのか、予想がつかなかったのである。だがそもそも、レーニンととくにトロツキーのイメージする将来の国際秩序構想は、パリに集まっていた戦勝国のそれと相いれなかった。

四戦勝国［アメリカ、イギリス、フランス、イタリア］の構想は大きく分かれていた。イタリアはパリ講和会議でたいした役割を果たさなかった。そもそもイタリアは、自国の利益の実現にしか関心がなく、しかもそれも部分的にしか成功しなかった。そのためイタリアでは後に「台無しにされた勝利（vittoria mutilata）」という言葉が、イタリア・ファシズムの闘争スローガンになったのである。ファシストの指導者ベニート・ムッソリーニの挑発的な外交政策は、一九一九年にイタリアの自由主義政府が「失った」とされるものを取り戻す行為だった。それに対してフランスは、ドイツの脅威から「永遠に」自らを守るために、勝利を利用しようとした。アルザス・ロレーヌ問題において国境変更を重視しただけでなく、ドイツの東方に、「防疫線国家《コルドン・サニテール》」としてロシアとドイツを分断するための一連の諸国家をつくりだしたのである。ポーランドとチェコスロヴァキア、それにバルト諸国は、フランスの安全保障構想の中心的礎石であった。しかしその結果、ドイツとロシアは、あらゆる政治的・イデオロギー的対立を棚に上げて、さまざまなかたちの協力を模索していった。少なくともこのときは、地政学《ゲオポリティーク》が、価値観の拘束を打ち破ったのである。地政学的な関係に目を向ければ、一九三九年夏のヒトラー＝スターリン協定〔独ソ不可侵条約〕は驚くべきことではない。それは「防疫線国家」を打破するための一時的同盟であった。

フランスのヨーロッパ新秩序構想は、基本的には自国の安全保障によって決定されていた。このためフランスは合衆国大統領ウィルソンと対立した。ウィルソンは、民主主義と民族自決権を基本イメージとする諸原則に向けたヨーロッパ新秩序を構想して、パリ講和会議にやってきた。それに対してイギリスは、フランスと合衆国の立場を仲介するよう努めた。イギリスとアメリカ合衆国にも、戦後秩序から回収しようとした利益があった。そこでは安全保障問題よりも、世界経済の再活性化のほうに明らかに中心的な役割が与えられていた。一九一四年に戦時経済へと転換した後は、ふたたび平時経済に復帰しなければならなかった。そしてそのためには、工業国ドイツが必要だった。自由主義的な観点によれば、かなりの期間経済を優先することなしに、ヨーロッパが平和を取り戻すことはないと思われた。その視点は現在では、中東と地中海沿岸の北アフリカを考える際に必要となるだろう。

新秩序の安定に際してはさらに、東西対立が終焉したこんにちにおいても焦点となる問題があった。つくりだされた秩序を維持するために、秩序を保障する諸国はどのような努力を引き受ける用意がなければならないのか、という問題である。ここでは、ファシスト・イタリアに対する決定的な行動を断念したことで、国際連盟が疑問視されたことが思い起こされる。ムッソリーニはエチオピアに対する征服戦争を開始したが、これに対して国際連盟の主要諸国は抗議声明以外に何ら手を打たなかった。アビシニア（エチオピアは当時こう呼ばれていた）における戦争は、主要諸国にとって死活問題ではなく、イタリアの独裁者に反対する者は誰もいなかった。しかしアビシニア戦争は前例になった。すなわち、ヨーロッパとその周辺の秩序は、イギリスとフランスの死活的利益に抵触しない限り、軍事的手段によって変更可能な「番人なき秩序」であると考えることができたのである。ヒトラーとドイツ国防軍指導部の一部は、そのことを非常に正確にみてとり、そこから結論を引き出したのである。われわれは現在、シリア、リビア、イエメンから同様のことを学ぶことができるだろう。

国際連盟に秩序を維持もしくは貫徹するための介入への準備が欠如しているという問題は、もちろんその前からすでに明らかになっていた。介入する用意が最もあったのはフランスだったが、しかしそれは自分たちの利害に関係する限りにおいてであった。それが示されたのが、ドイツが自らに義務づけられた賠償金の支払いを遅延した際の、フランス（とベルギー）軍によるライン・ルール地方への進駐であった。この介入は、結果としてヨーロッパ秩序に否定的な影響を及ぼすことになった。なぜならフランスが介入を一九二三年まで先延ばしにしたとはいえ、†4これはあくまで自国の利害に関係する限りの行動であったため、それがほかの国々も模範としうるような政治的前例となることはありえなかったからだ。ドイツにおける反西欧的なルサンチマンが、ライン・ルール占領によって非常に強まるとともに、フランス・ベルギーの占領に対して「消極的抵抗」を行ったことで、インフレーションも加速した。これとは違って、オスマン帝国と締結したセーヴル条約の実行について、イギリスとフランスは介入する準備がなかった。ケマル・アタテュルクは、セーヴル条約の受諾を拒み、そこで定められていたクルド人国家の建設を拒絶した。のちに交渉をやり直してローザンヌ条約（一九二三年）がまとまったとき、もはやクルド人国家に関する規定はそこにはなかった。このことは、パリで構築された秩序を変更したいと考えるすべての者にとって教材になった。未解決の「クルド人問題」は現在にいたるまで、中東の政治秩序問題であり続けている。

戦間期秩序の別の問題は、パリでひどい扱いを受けたと感じた諸国自らのイニシアティヴであった。ハンガリーは失われたジーゲンビュルゲンを奪い返すために、ルーマニアに戦争を仕掛けた。ポーランド＝ロシア戦争はボリシェヴィキの西方への拡大だけでなく、現在のベラルーシとウクライナの領域を含む大ポーランドの理念をめぐるものだった。小アジア西岸や黒海の一部を含む大ギリシアのイメージは、一九二三年にギリシア＝トルコ戦争に敗れ、一〇〇万人以上のギリシア人がトルコから強制追放されることで終わった。「民族浄化」の政策は、それ以前にすでにバルカン半島に存在していたが、一九二三年の「住民交換」は、戦後秩序もそれを受け入れたことを意味している。

多民族的で多宗教的な大帝国の崩壊は、パリの講和秩序では解決されることのない数多くの問題をあとに残した。しかもそうした問題が続く限り、ヴェルサイユ条約によってつくられた新しい秩序には疑問が投げかけられた。それでも戦勝国はそうした状況を甘受することで、異論のある諸問題を解決する上で、戦争は今後ともその手段となるのだということを事実上容認した。そもそも不介入とは何かという問いに対して、不介入とは介入とほとんど同じだと嘲弄的に答えたのはフランスの大政治家タレイランだが、その正しさがここでもふたたび証明された。それは現在でも、中東やサヘル地域［マリやニジェールなど］をみれば妥当だといってよい。

戦間期における国際関係は、「番人なき秩序」であった。あるいは、秩序の番人は自国の利益にとって危険だとみなされる場合にのみ介入した。平和という共有財産を守ることを自らの義務とみなす者はいなかった。それは東西に二分され、合衆国とソ連がそれぞれの秩序の番人となった第二次世界大戦後のヨーロッパ秩序との最も重大な相違点であろう。アメリカとソ連とではとった方法も利害も異なるが、「番人」という意味で両者が果たした役割は同じであった。現在のヨーロッパ秩序はふたたび「番人なき秩序」となっている。現下の危機を「冷戦の再現」と呼ぶのは誤りである。冷戦の場合、問題や紛争に際して、はじめはそれぞれの秩序の番人が互いに対立するが、彼らが話し合いをもてば危機は収束に向かった。それはこんにちではもはや当てはまらない。その代わり、現在の衝突における歴史的なアナロジーとして適切なのは、戦間期の状況を参照し、理論モデルとして現在の課題と比較することであろう。しかしこの時代についてはあまりよく知られているとはいえず、そのため政治家とその周辺がこの時期に言及することもほとんどない。その結果、われわれはしばしば暗闇のなかを手探りで歩くことになる。

「暗闇のなかを手探りで歩く」を美化した表現のひとつが、「歴史から学ぶ」というものである。歴史から学ぶというのはわかりきった当たり前のことであって、そんなことをわざわざ口にする必要は本来ない。重要なのは、どのように、そして何を歴史から学ぶのか、学習結果とされているものを政治はどのようなかたちで実際の施策に移すのかということである。第一次世界大戦から何を「学び」、どんな結果を招いたのかを考察することで、いくつかのことを学ぶことができる――とりわけ、学んだからといって正しいことを学んだわけではないということについて。第一次世界大戦を経て、政治の手段としての戦争を拒否するポストヒロイックな社会〔英雄主義的な価値観が重要性を失った社会〕が生まれた。「戦争はもうごめんだ！」というスローガンが、当時はじめて政治的要求として登場したのである。

一九一四年から一九一八年までのような戦争にもう一度耐え抜くのが不可能であることは、誰の目にも明らかであった。ファシズムやナチズムはこうした戦争疲れを払拭しようとするプロジェクトでもあった。すなわち、ポストヒロイックな社会《ゲゼルシャフト》を脱して、ふたたび戦争を推進できるヒロイックな共同体《ゲマインシャフト》をつくり上げるべきであると主張したのだ。さらに、ボリシェヴィキはヒロイックな理想に向かっており、戦争と暴力のレトリックを育んでいた。彼らには、資本主義社会のように人びとをより巧妙に業績へと駆り立てる仕組みが欠けていたため、あらゆることを「闘争」だと表現しなければならなかったのである。

それとは異なり、西欧の民主主義諸国では住民にポストヒロイックな基本思想が根づいており、これを教育的な方法で変更しようとは思わなかった。それは民主主義に適した方法では不可能なことであった。フランスのエドゥアール・ダラディエとイギリスのネヴィル・チェンバレンによる宥和政策は、それぞれの国の戦争に反対する雰囲気によって形成されたものである。宥和政策を後から振り返って誤りだったということはできる。この宥和政策が、限定的な修正戦争によってヨーロッパ新秩序の目標を達成することができるという確信をヒトラーに与えたからだ。しかしそのことは、一九三六年から一九三九年までのフランスとイギリスにおいては、一九一四年から一九一八年までのような戦争をもう一度行わなければならないという考えよりも不人気なものはなかったという事実を変えるものではない。軍指導部はこうした反応に直面し、この状況でどんな主張をすることができるのか、戦略を立てねばならなかった。自国の利害を超えた介入的な戦争指導など、この場合考えることはできなかった。

フランスは「ヴェルダンの神話」のひそみにならった。つまり、ヴェルダンで勝利したように、ドイツ軍の攻撃を食い止めるのは要塞システムだとしたのである。そうであれば、ドイツとの国境全体が、東方からの新たな攻撃を食い止めるための巨大な要塞システムによって守られなければならない。かくしてそのような要塞ベルトが構築された。それは当時の防衛大臣アンドレ・マジノの名前を冠された。しかしその防衛体制は一九四〇年春のドイツ軍の攻撃の際に、それが果たすべき機能を果たさなかった。戦略的な観点でフランスは第一次世界大戦から誤ったことを学んだがために、そのつけを一九四〇年の敗北によって支払わなければならなかった。他方でイギリスは、海軍において典型的な〔敵に真っ向から「直接アプローチ」するのではなく、敵の弱点を間接的に衝く〕間接アプローチ（*indirect approach*）という考えをふたたび取り上げ、戦略爆撃戦争の新しい可能性に集中した。それは、敵の「装甲された握りこぶし」[†5]ではなくその神経索や腱に対して行われるべきであり、損耗の激しい戦闘に「対等に」巻き込まれることなく、敵を衰弱させ行動不能にすることを目的としたものだった。第一次世界大戦における貿易封鎖という古典的な海軍戦略が二年後に効果を発揮したことで、第二次世界大戦においては戦略爆撃機部隊によってより迅速に目標を達成できると信じられるようになった。それもまた、少なくともその迅速さという点では計算違いであったということがその後明らかになる。

ドイツではヴァイマル国軍もその後のナチ国防軍指導部も、第一次世界大戦は緒戦で二正面戦争にもち込ませず、攻撃作戦をもっと迅速に行い、前線を突破して「敵陣の奥深くまで」突き進めば勝利できたというイメージを追求した。絶対に回避すべきなのは戦争そのものではなく、兵を激しく損耗し、銃後の国民に欠乏を強いる長期の消耗戦争であった。ドイツはそのようにして、ポストヒロイックな考え方を容認した。戦略的高速化の能力は、独立して作戦を遂行することができる装甲部隊と「空飛ぶ砲兵隊」と呼ばれる急降下爆撃機の創設によって確保すべきとされた。戦争を数週間、長くても数か月に限定することで、ふたたび実行可能にすることが重要だった——その戦略は、ロシアで敗北する一九四一年晩秋まで続いた。しかしそのときには、二正面作戦と長期の消耗戦の回避という「ヴァイマルの教訓」は、とうに昔の話となっていた。

他方で、戦間期には西欧と中欧を包括する安全保障同盟の構想があった。アリスティード・ブリアンとグスタフ・シュトレーゼマンの時代、こうした考えは独仏接近を導いた。ヨーロッパの平和秩序として、コンラート・アデナウアーとシャルル・ド・ゴールによって一九五〇年代後半以降推進される独仏和解の政策は、戦間期にその先駆を見いだすことができる。最初は失敗したが、第二の挑戦ではうまくいったのだ。

このように、学習に成功した歴史もありうるのである。もちろん重要なのは、それによってどの問題が解決し、どれが解決しなかったかを知ることである。第二次世界大戦の前史において、独仏関係は実際副次的な役割しかもたなかった。ヒトラーの目はさしあたり東方に向いていたからだ。たしかに独仏関係は別の地域で起こっている困難な問題を抑え込む足掛かりにもならなかった。しかしまさにこれこそが、新しいヨーロッパ秩序を存続させるためにこんにち必要なものなのだ。ここ二〇年間の西ヨーロッパ諸国の政治は、戦間期の諸関係が再現されるのを阻止しようという大規模な試みとみなすことができる。政治エリートはそのことを、選挙のとき自国保護主義的な政策を吹聴して欧州連合を危険にさらして政治的な火遊びをすることを好む一部の国民よりも、明らかによく理解しているように思われるのだ。

（ヘルフリート・ミュンクラー）

†1　ヴェルサイユ条約はドイツと、サン・ジェルマン条約はオーストリアと、トリアノン条約はハンガリーと、ヌイイ条約はブルガリアと、セーヴル条約はオスマン帝国と、連合国が結んだ講和条約。

†2　一九八六年にポルトガルとスペインはＥＣ（ＥＵの前身）に加盟するが、この二国は、いずれも一九七〇年代に権威主義体制から民主政への体制転換を経ており、ＥＣ加盟は民主化を定着させるためという側面があった。

†3　エルンスト・ブロッホの一九三五年の著作『この時代の遺産』から。邦訳は、池田浩士訳、三一書房、一九八二年。

†4　フランスはすでに一九二〇年の段階で、ドイツの賠償金支払い不履行への対抗措置としてルール地方の占領を主張していた。

†5　ヴィルヘルム二世が演説で用いてから普及した言葉。

第7章　〈外国からのまなざし〉

不可解なるドイツ

パリ、ローマないしはワルシャワ、あるいはロンドン、マドリードといった都市の人びとにとってさえ、ヴァイマル共和国の知名度は概して低い。その名はせいぜい、大量失業やハイパーインフレ、そして政治的暴力のイメージを思い起こさせるくらいだ。過激派による共和国への攻撃と脆弱な民主主義の崩壊は、誰もが思い浮かべるところだろう。これらの都市がある国々の歴史教科書において、ドイツはヨーロッパのなかでも、その民主主義が戦間期の激震に耐える力をもたず、国民が自由を手放し、そしてヒトラー独裁へと堕した国として特徴づけられている。歴史の授業で忘れられないことがひとつあるとすれば、それはヴァイマルがヒトラー主義の控えの間だったということだ。

これは完全に間違ってはいないにしても、非常に単純化された基礎知識だといわざるをえない。それは近隣諸国で最も広く普及したドイツに対する偏見のひとつ、いうなれば、この不可解なる国がいつも、いかなることにも、他国と比べてどこか違った——そして何よりも徹底した——方策をとっている、とのイメージと結びついている。一九二〇年代や三〇年代と同じように、こんにちもまたドイツは、国外からの多くの観察者の関心をかきたて、ときおり彼らを驚かし、さらにはその一部を不安へと陥れる。もちろん、当時はドイツが敬遠されるもっともな理由が存在したものの、目下の状況では、この国は比類なき模範国として注目を浴びている。

したがって、ドイツで「ヴァイマル状況」への回帰が迫っているのか否かという問いは、外国からみる限り、むしろ奇妙なものに思われる。ドイツはヨーロッパで最も経済的な勢いのある国のひとつであり、その経済的基盤は健全であり、インフレという概念も前世紀のものである。二〇〇八年の金融危機にしても、この国にとっては短い春の通り雨に過ぎなかった。とりわけ近隣諸国が困難に直面した各分野において、ドイツはつねに先頭をきり、何事にも精通しているように思われる。すなわち、十分な財政黒字、しっかりと機能する社会国家、広範な完全雇用、そして思慮深い政治家と妥協の才に恵まれ際立って優秀な民主主義である。ドイツ社会はテロリズムの被害を免れている、との印象も長年にわたって根強いものがある。しかし、いまやドイツでも極右政党が国会に議席をもっていること、また一部の市民が外国人敵視のスローガンを叫びながら街頭を練り歩いているとメディアで報じられると、隣人たちは眉をひそめる。そのような出来事がドイツ国内で観察されると、それらは反射的にことのほか不吉なものとみなされるのだ。

したがって、ヴァイマルの再来が目前に迫っているのかどうかという問いは、ひとつのパラドックスを投げかけている。たしかにこの点については何の裏づけもない。けれども、不安の声はしばしばドイツ本国よりもその国外で頻繁にあがってはいないだろうか？　そして、しっかりと定着したドイツ民主主義が権威主義的な政治構想の誘惑に屈し、国民が右派ポピュリスト的潮流に感化されるかもしれない、という疑念はどこから来るのだろうか？　翻って考えれば、ヴァイマル共和国の不吉な前兆は、ヨーロッパの近隣諸国に対しても口にされるべきではないだろうか？

本来であれば、国外の観察者のほうがドイツ人自身よりも客観的にベルリン共和国〔現在のドイツ連邦共和国〕とヴァイマル共和国との比較可能性の問題に取り組むことができると考えられてしかるべきである。ドイツにおけるヴァイマルの表象は歪んだものであり、それは第二次世界大戦の敗戦直後からすでにそうだった。戦後最初の数十年間、ヴァイマル共和国はつねに新しい民主政のネガティヴな引き立て役だった。ドイツに生まれた最初の共和国を弱体化させ、その崩壊を可能にしたヴァイマル憲法の過ちは、一九四八／四九年に徹底的に回避された。ヴァイマルを参照することは、新たな秩序の政治的正統性に寄与した。さらにいえば、二〇世紀の破局に対する自国の責任を認識することは、現代への警鐘として教育的な機能を果したのである。

ただ、外からの視線のほうがより偏見にとらわれていないといわれても、誰が真面目に信じるだろうか。近隣諸国においても、「第三帝国」というトラウマ的経験に対する取り組みはこれからも続けていく必要があり、そこでも歴史は、それが終わった地点から眺められている。もちろん——そしてそれは、われわれがヴァイマルの再来に直面しているかどうかという問題の一部なのだが

――ドイツに対する国外からの視線はこんにち、もはや戦間期と同様のものではない。

たとえば当時のフランスでは、不倶戴天の敵（Erzfeinde）としてのドイツ人像が支配的だった。フランスのあらゆる都市や村から集められた一五〇〇万の兵士たちの、終わりのみえない塹壕の経験、そして無意味な死の経験によって彩られていた第一次世界大戦は、一八七〇／七一年のドイツ＝フランス戦争［普仏戦争］の時代から続く敵対感情をより強固なものとした。フランス側から見れば、敗戦国となったヴァイマル共和国期のドイツは、ただただ徹底的に執念深く、復讐の精神に駆り立てられた国だった。もちろん、ドイツの民主主義者や平和主義者に対して肯定的な意見をもつグループや、アリスティード・ブリアン、マルク・サンニエといった個々人もたしかに存在した。ただ、やはり全体としては猜疑心やルサンチマンのほうが優勢であり、それらの感情は「ボッシュ（boche）」［フランスで用いられるドイツ人の蔑称］や宿敵（Erbfeind）といった言葉のなかで増幅していった。こんにち、ドイツはまさに平和で勤勉な国民を擁するシヴィリアン・パワー[†1]とみなされている。ただし実際は冗談のなかで、ないしは怒りのあまり「ボッシュ」という言葉がふたたび散見されるようになったり、あるいはビスマルクとのグロテスクな類比が世論に浸透するなどの状況がある。ここから明らかなのは、そうした思考がいかに長期的に連続しながら、ドイツへのまなざしを深く規定してきたかである。

連続性と非連続性との関係は、たしかに歴史学上の問題である。そして歴史家は「ベルリンはヴァイマルではない」（ボンがかつてヴァイマルであることを許されなかったように）というテーマにおいて、過去との断絶が争う余地がないほど明白である点を証明している。ただしドイツの歴史に対する近隣諸国からのまなざしは、現代にいたるまで潜在意識のレベルにおいて、連続性への不安に否応なく規定されている。ヴァイマルの失敗については、第二帝政からナチズムにいたる反民主主義思想の連続性の現れとして解釈されてきたし、今なおそうである。その際、概して見落とされてきたのは、ヴァイマル共和国期という短命の時代において、政治的、社会的、そして文化的な成果もまた成し遂げられたという点だ。国民的特質の連続性という発想は、アンビヴァレントなドイツの見方を長きにわたり形づくってきた。そしてそのような見方は一九世紀以来、ドイツの権力に対する賞賛と恐怖のはざまで揺れ動いている。

図7-1　「フランスからの訪問」——フランスの首相ピエール・ラヴァルと外相アリスティード・ブリアンがベルリンのホテル・アドロンのバルコニーから見物人の群衆に挨拶を送っている（1931年９月）。

一九四五年から数十年が経ち、ドイツ人という隣人への不安を帯びたまなざしは変化した。ヴァイマル共和国のなかに現れた第一次世界大戦の帰結が教訓となったので、今回はドイツという侵略者は無条件降伏せねばならなくなった。それは新たな「背後からの一突き伝説」が生み出され、新たに定着すべき民主主義にとっての負担になることを防ぐためだった。敗北したドイツを占領下に置くに際し、西側の周辺諸国は西側占領地区に対する統制可能性と共同責任をともにもっていた。冷戦と共産主義の危険という文脈において、ドイツの民主主義者は西側の価値体系に忠誠を誓うことで、新たな信頼を獲得したのである。

それでもドイツに対する批判的まなざしは残存した。その際学ばざるをえなかったのは、ドイツという隣国は本当に飼いならされたのかという不安だけでなく、ドイツがたとえ飼いならされたとして、果たして今後は大丈夫だといえるのかという不安である。多くの人びとはドイツに新しい政治文化が普及することを疑問視し、ヴァイマル共和国期やナチ期に由来する古い行動様式が、裏口から舞い戻ってくるのではと心配した。こうした不安と疑念には、つねにその契機があった。それは一九五〇年代半ばに占領統制が緩和されたとき、[†2]そしてその一〇年後にドイツ国家民主党〔第4章参照〕が突如として票を集めたときである。一九七〇年代末のドイツ赤軍派（RAF）への対テロ闘争において、法治国家は苦境に立たされ、連邦共和国は権威主義的な警察国家へと変貌を遂げたように思われた。一九八〇年代半ばには、かつての武装SS隊員であるフランツ・シェーンフーバーがついに脅威として登場した。それは彼の極右政党・共和党〔第4章参照〕が各州議会で成功をおさめ、彼自身が欧州議会に選出されたときだった。ドイツの再統一は、いよいよもって近隣諸国を不安へと陥れた。それはこれまで抑え込まれてきたものが、ドイツの膨張欲・支配欲というかたちで復活を遂げるのではないかという不安だった。ドイツが高飛車な態度と覇権的な思惑を携えつつ、ヨーロッパで支配的な地位を確立していることへの目下の懸念は、このような伝統に属する。

しかしながら、不安定なドイツ民主主義に対するこのような懸念と曖昧な不安は、近隣諸国が「ヴァイマル状況」への回帰に関するドイツ本国のアクチュアルな議論に参加する上で、十分な理由となるのだろうか？　外からのまなざしによって、今まで述べてきたような危惧の正しさは証明されるのだろうか？　答えはまずもって「否」である。たしかに二〇一四年末以降、ペギーダ運動による外国人敵視のスローガンやデモ、ならびに二〇一六年から二〇一七年にかけての各州議会選挙における「ドイツのための選択肢」（ＡｆＤ）の予想だにしない健闘が不快感をかきたて、古くからの条件反射的な疑念を呼び覚ましたことは事実だ。しかしドイツは長きにわたり、右派ポピュリズムの地図における「空白地帯」であり続けたのみならず、こんにちでもまた、ドイツの有権者は右からの提案に対して、それを受け入れようとする姿勢をごく限定的にしか示していない。反全体主義という基本的なコンセンサスと、ナチズムとの対峙という長期的な経験は、明らかに反体制諸勢力からの攻撃に対し、強固な砦であり続けている。

民主主義の不安定さに対する懸念は、ドイツの場合ほとんど根拠がない。外からみた場合、ドイツには他国に比べると「ヴァイマル状況」を不安視する理由はかなり少ないといえる。ヴァイマルの特徴を思い浮かべてみれば、あらゆる領域で体系的な違いに気づくだろう。ヴァイマルの政治風土を特徴づけていたのは、累積的に進行していく政党の細分化であった。国会では最大一四もの政党が議席をもち、その一部は純粋な泡沫政党だったものの、ほとんどの政党は強固な階級的紐帯、あるいは宗派的ないし地域的な重心をもつ世界観政党だった。これに対しこんにちのドイツでは、高度な組織率をもつ超宗派的な国民政党というモデルが依然として優位を誇っており、それらの政党は今なお有権者の大部分の支持を集めている。近年、ドイツの各議会では党派の数は増加しているものの、ヴァイマル共和国の典型的な現象だった政党システムの断片化は確認できない。

第二次世界大戦後、政党政治的な合同にもとづくかたちで、新たな政治風土が登場した。そこでは、ヨーロッパの古典的な政党群が国民を代表した。五パーセント阻止条項〔第2章参照〕を定めた選挙制度は政党の集中を促し、連邦議会を一九四九年の多党制から一九六一年の二・五政党制〔CDU／CSUとSPDの二大政党に、中小政党のFDPを加えた体制〕へと転換させた。緑の党は一九八三年に、左翼党は民主社会党（PDS）として一九九〇年に、それぞれ連邦議会への進出を果たした。意見の相違やオルタナティヴな提案は、急進化というよりも配慮ある多元主義の表れである。共和制や民主主義に敵対的姿勢をとる伝統的な権力エリートは、下層階級の有権者、そしてプロレタリア化を恐れる中間層の有権者とともに、一九三〇年代初頭にヒトラーを権力の座につかせた。だが、そうしたエリートはもはや完全に姿を消した。

ヴァイマル共和国とは対照的に、こんにちのドイツでは過去との線引きを意識的に行っているため、前体制から引き継いだ負担や、脆弱な社会経済的状況、そして議会主義の侵蝕は存在しない。それらはまさに、ヴァイマル民主政が失敗した三大要因といわれている。各機関の理解度とバランスという点でも、連邦共和国体制とヴァイマル共和国は異なっている。ヴァイマルの教訓のおかげで議会の力が強化された一方で、大統領の権力は縮小された。連邦大統領職のあり方は、「ヴァイマル」の教訓である権力制限というロジックを示すものである。つまり連邦大統領は代理皇帝〔ヴァイマル共和国における大統領の異名。その権限の強さゆえこのように呼ばれた〕ではないのだ。「その職が有する権威と尊厳は、それがとりわけ精神的・規範的な影響力の上に設けられている点においても表明されている」と、二〇一四年六月の連邦憲法裁判所の判決は強調している。つまり緊急令によって統治者が白紙委任状をもつという事態は存在しない。たしかに、国家元首〔大統領〕と政府の長〔首相〕とのあいだでの権力分配において、首相には中心的なポジションが与えられた。ただし首相には強力な議会が対峙している。このように行政権に歯止めをかける一方で、司法権を強化したことで、議会が力を失い首相は機能不全に陥るというヴァイマルの経験の再来は、制度的に不可能なものとなった。

ヨーロッパ規模で比較した場合、ドイツでは妥協を重ねコンセンサスを模索する文化が優勢を保っている。〔中道右派のCDU／CSUと中道左派のSPDによる〕大連立は、基本的に議会制の精神に反するものであり、一九六六年にはじめて、そして二〇〇五年および二〇一三年に苦肉の策として再度導入されたが、国外では理解を得られなかった。もっともドイツにおいて、大連立は多くの人びとにとって望ましい状態として、市民権を獲得したように思われるし、それは議会運営の必要を満たすのに十分な多数派と政府の安定を保証した。しかし大連立には、各政党のプロフィールをぼやけさせ、中心的な拒否権行使者《ヴェトープレイヤー》としての野党を事実上否認するという欠点が存在する。

政党をめぐる政治風土をよりつぶさに眺めれば、連邦共和国が実際のところ、最近までほかのヨーロッパ諸国ではほぼみられなかった類いの独自性をもっていることがわかる。「ヴァイマル状況」を彷彿とさせる過激派の台頭は確認されず、その代わりにドイツではさまざまな政党が打ち出す政策は中道に集中している。したがって諸政党が織りなすスペクトルは、すでにもはや二極的なものとして描くことはできない。ＦＤＰというリベラル政党は伝統的に、経済政策的観点からはＣＤＵやＣＳＵよりも「右」に位置するのだが、市民的自由権をめぐってはそれよりも「左」に位置する。このことは国外の観察者をさらに混乱させる。中道への衝動が無条件に歓迎されるべきなのか否かについては、議論の余地がある。それはたしかに、過激派への忌避感が過去と変わらず存在していること、そして広範な価値観が共有されていることを示している。しかし議会制には、左派陣営から保守陣営への、また与党と野党を代わる代わる行き来するような、規則正しい振り子が備わっている。いずれにしても、こんにちのドイツはこのような特殊性において、中道がやせ細ってしまったヴァイマルの経験とは一線を画している。

ここでも有益なのは、比較の視点である。フランスとの比較はつい最近まで大きなコントラストをなしてきた。フランス第五共和政の国制は、空白となった中道の両側にそれぞれ二つの政党が居座る、いわゆる「二極のカドリーユ（bipolare Quadrille）」[†3]だけを許容していると思われていた。しかしこのことは、中道左派と中道右派との堅固な同盟がエマニュエル・マクロン大統領の支持基盤として成立して以来、完全に古びたものとなった。過去数十年にもわたり、「隙間」というネガティヴなイメージが中道につきまとってきたフランスでは、ここにきて予想だにしない急激な転換が起きている。それはまさに、保守派と社会主義者という伝統的な政党システムの崩壊がもたらした副産物といえる。後者については、実のところヴァイマルを彷彿とさせるものの、フランスでは、また同じくオランダでも、過激派政党が勝利するのではなく、むしろ社会リベラル的な中道の結集が起きたのだ。[†4]

何より注目すべきは、ドイツの政治とメディアにおいて、言葉全般がお互いへの敬意によって刻まれ続けている点だ。いわゆる「今年の不快語（Unwort des Jahres）」が非難にさらされ、それによって無力化されるのは毎年のことだ。[†5] もちろん最近では、右派ポピュリストが「フェルキッシュ（völkisch）」〔「民族至上主義的」を意味する形容詞〕のようなきな臭い、ヴァイマル期由来の概念を公共空間へと投げ込んでいる。それに対しては、ドイツの世論で広範にわたって憤りがみられたし、このことは国外からの観察者を安堵させている。とはいえそのような概念、つまりはタブー破り（Tabubruch）という試みが体系的に存在していることは疑いようがない。そしてそれらを駆使することで、民主主義に敵対的な諸勢力は二〇世紀前半の民族（Volk）や国民（Nation）のイメージを受け継ごうとしている。〔東欧諸国の〕共産主義政権が倒壊してからというもの、そうしたイメージは移行期の社会にとって歓迎すべきアイデンティティの受け皿となった。なぜならそれら諸国は、過去との取り組みや、安全かつポストナショナルな価値規範のヨーロッパ規模での構築といった、西欧的な道を経由してこなかったからである。ここに、「ヴァイマル状況」が裏口から舞い戻ってくるための足場が存在するのだろうか？　これはとりわけ東欧でみられるものの、徐々に西欧でもみられるようになるのだろうか？

実際のところ、ヨーロッパでは「ヴァイマル状況」へのドアの隙間を広げると思われる一連の現象が蓄積されてきた。たとえばそれは、変化が加速し、見通しの効かないプロセスが複雑さを増していくという不安定な印象であり、ＥＵによって意思決定がますます超国家化し、国民と国内議会との直接的なつながりが危険にさらされているとの認識である。また、エリートに対する不信も広まっている。エリートは利己的に振る舞っているとか、ひどい場合には腐敗しているとすらみなされているが、それはときに正当な見方ではあるものの、たいていは不当なものである。さらに、友敵思想が芽生え、有権者の支持動向はますます不安定になってきている。

ハンガリーやポーランドでは、西欧諸国が一九四五年以降に共通の規範として採用したさまざまな価値からの離脱が顕著になっている。しかし西欧においてさえ、古くて新しい考えがポピュリストのカテゴリーのなかに入り込んでしまったように思われる。それは「自国民ファースト」を訴える排外的な外国人敵視の要求であり、また裏切り行為をはたらいたとみられるエリートや「嘘つきメディア」から自分たちを防衛せねばならないという、空想的な一体感に浸った「人民（Volk）」のでっちあげである。他方でドイツの近隣諸国では、過激派政党が「よりましな悪」としてごくふつうに受け入れられ、選挙でゆうに一〇％を超える勝利を収めている。人びとはあたかも、昨日まで想像だにできなかった展開を受け入れたかのようだ。そして右であれ左であれ、このような反体制政治勢力にとって、連邦共和国が敵の像を取り結んでいることは明白である。古くから知られるナショナリスティックな反ゲルマン主義が、一部において意気揚々と復活を遂げているのだ。

このことは、大陸におけるドイツの孤立を意味するだろうか？ 実際、国外からの観察者の一部は、現在ドイツがとっている外交姿勢のなかに、古くから知られる要素の復刻をみている。こうした観点からは、一九四九年以来数十年にわたって（西）ドイツの外交政策のアルファとオメガを形成し、軍事面で国際的責任を引き受けることに躊躇してきた自制の戦略さえも、疑わしいものとされる。そのような自制はすぐさま、自己主張とドイツの権益保持と解釈されるのだ。[†6] ドイツ政治が平穏なボンではなく、世界〔グローバル〕都市であるベルリンで構想されるようになってからというもの、一部の人びとのあいだには、ある疑念が広まっている。すなわち、再統一の結果として、ドイツがヨーロッパでの優位を確立したのはたしかだが、これで安心して「ビジネス」に打ち込めるとの利己的な理由から、国際的な活動範囲を自ら制限しているのではないか、と。

このような解釈は、力の誇示を妨げられたまま、密かな覇権願望という下心を抱く不穏な強国たるドイツ、というイメージの世界において、ヴァイマルとの類似性を喚起している。しかしながら、ヴァイマルとの類似性という議論はいずれにしてもあまり生産的なものではないし、このような外からの認識もその点では同様である。というのも、こんにちでは、国際的状況や経済的枠組みがまったく異なるからだ。ただし話はそれにとどまらない。こんにちのドイツはむしろ、戦間期とは反対に「意に反しての世界強国（Weltmacht wider Willen）」（クリスティアン・ハッケ）であり、ドイツ国民は制限された国際的役割と非常にうまく折り合いをつけるだけでなく、適度な慎みを切望しているのだ。

それでは結局のところ、現代ドイツと戦間期ドイツとの比較から得られるものはほとんどなく、要するに無意味なのだろうか？　知的方法として考えた場合、比較と同一視を混同しない限りにおいて、類似点と相違点とを検討することは学問的に有益である。ヴァイマル共和国は統一ドイツの成熟した民主主義にとって、つねに危機の予兆であり続ける。とはいえ、それは集団的に危機を警戒する上で、全ヨーロッパ諸国にとっての戒めでもあるべきだ。

（エレーヌ・ミアル＝ドラクロワ）

†1　シヴィリアン・パワーとは、国際政治学において軍事パワーと区別して用いられる概念で、ある目的を達成する手段として軍事的手法よりも非軍事的な手法を優先するようなパワーを指す。

†2　ドイツ連邦共和国（西ドイツ）は、一九五五年五月に発効した「パリ諸条約」によって、それまでの占領規約を撤廃し、一部の制約（たとえばベルリンやドイツ統一問題にかんする権限は戦勝国が留保した）を除き、実質的な主権を回復した。

†3　カドリーユは四組で踊るダンスのこと。かつて第五共和政フランスの政党政治が、右派のド・ゴール派と非ド・ゴール派、左派の社会党と共産党という四党中心だったことを指す。

†4　二〇一七年三月に行われたオランダの総選挙では、

反イスラーム・反移民を掲げたヘルト・ウィルダース率いるオランダ自由党（ＰＶＶ）が事前の予想に反して低迷し、中道右派の自由民主国民党（ＶＶＤ）が勝利した。これにより、中道系諸政党に支えられた第三次ルッテ政権が発足している。

†5　たとえば二〇一四年に「不快語」に選ばれたのは「嘘つきメディア」であり、一六年は「民族の裏切り者」だった。

†6　「自制（Selbstbeschränkung）」と「自己主張（Selbstbehauptung）」は、しばしば戦後ドイツ外交を表現する一対のキーワードとして用いられる。たとえば、戦後ドイツ外交についての代表的な通史であるハフテンドルンの著書のタイトルは『自制と自己主張のはざまのドイツ外交』（Helga Haftendorn, *Deutsche Außenpolitik zwischen Selbstbeschränkung und Selbstbehauptung*, Deutsche Verlags-Anstalt, 2001）である。

おわりに

警戒を怠らないということ

本書で七人の著者が議論したのは、われわれの民主主義における近年の状況は、ヴァイマル共和国をどの程度想起させるものなのか、ということであった。民主主義が危機に瀕しているという、現在切実に感じられていることを考えるために、「ヴァイマル状況」という凶兆を引き合いに出すのは、果たして適切なのだろうか。そこにはどのような歴史的教訓が含まれているのだろうか。政治文化（ヴィルシング）、メディア（ダニエル）、政党システム（メラー）、有権者行動（ファルター）、経済状況（プルンペ）、国際状況（ミュンクラー）、そして外国からのまなざし（ミアル＝ドラクロワ）について、検証を行った。少なくとも表面的には、当時と類似した現象に事欠くことはない。経済的な不安や、徐々に腐食しつつある国際秩序のなかで新たな敵イメージが構築され、右派急進主義の傾向が強まり、政党システムにも変化が生じてきている。これらすべては、一九二〇年代や一九三〇年代にみられたものだ。だが歴史とはつねに一回限りのものであって繰り返すものではないし、定期的に回帰する規則性につねに従うわけでもない。たしかにそこから一定の教訓を引き出すことはできるが、具体的な行動の指針が得られるというわけではない。歴史を観察し、分析したところで、現在における政治的決断がその代わりとなるわけでは決してない。

もっとも、政治的な意思形成の可能性と形態について徹底的に考え抜くということも、ヴァイマル共和国の歴史から引き出すことのできる教訓のひとつではある。民主主義とはどのようなものでありうるのか、どのようなものでなければならないのか、ということについて最近しばしばみられる概念上の混乱をみれば、ヴァイマル憲法について考察することはきわめて有益であろう。というのもこの憲法は、議会、大統領、そして国民投票という、政治的意思決定の三つの理念型を結びつけることを目指しており、そのためあらゆる民主主義的な憲法のなかでも「最も民主主義的」なものと当時考えられていたからだ。ヴァイマル共和国崩壊の原因が憲法だけにあるというわけではないにせよ、こうした結びつけ方がうまくいかなかったということは、銘記しておく必要がある。「議会絶対主義」（イギリスの議会主義に対する誤った理解から生じたキメラ〔異種の頭と胴体をもつ神話上の怪物〕のような概念だが）への不安から、憲法起草者はチェックアンドバランスのシステムを考え出した。直接選挙によって選ばれる大統領と、国政レベルにおける国民投票の可能性が、そのシステムを保障するものとされた。

それに対して現在のドイツ連邦共和国は厳格な代議制であり、基本法は完全にヴァイマル共和国憲法とは反対であると評価されるのも、ゆえなきことではない。連邦大統領の職務内容、および連邦首相の選出方法において、この点は明白である〔前者は象徴的存在で政治的実権はほぼない。後者はヴァイマル共和国では大統領により任命されたが、現在は連邦議会議員のなかから議員の投票で選ばれる〕。もっとも、直接民主主義的な要素が取り入れられなかった理由として、「ヴァイマル状況」の否定的な記憶が決定的な要素だったかどうかは疑わしい。国民投票は「あらゆるデマゴーグにとってご褒美だ」という、議会評議会における〔初代西ドイツ大統領〕テオドール・ホイスの言葉はしばしば引用され、名高いものである。また、一九二九年のヤング案についての国民投票は直接民主主義の濫用であり、ヒトラーやナチズムがそこから利益を得ようとしていたことについて、一九四五年以降意見は一致している。しかしそれとは別の動機、つまりエリート主義的でパターナリズム的な政治理解、とりわけ西側の分断国家という「暫定的制度」に直接民主主義的な手段という荘厳さを与えることへの拒否反応が、議会評議会においてはおそらく重要な役割を果たした。それにもかかわらず、七〇年近く基本法とともに歩んできた経験からは、これは明らかに肯定的な結果を生んだということができる。ドイツが統一されたあとも、厳格な代議制原則は、国家制度としてそうした変化に対応し、順応することができた。その根本にある議会主義とともにきちんと機能し、統合を果たすこともできた。ブレグジットをめぐる国民投票がもたらした破滅的な結果（責任感のない政治家とデマゴーグ的な新聞報道が結託した典型例だが）は、国政レベルで住民投票の要素を取り入れようという、しばしばなされるドイツの政治家による火遊びの試みを最終的に断念するのに十分な視聴覚教材を提供しているように思われる。

ヴァイマル共和国が崩壊した理由が、国政レベルでの国民投票だった可能性があまり高くはないのと同様に、ヴァイマル共和国において生じた「政党の細分化」も、その破滅の理由とはいえない。問題だったのは、国会に議席を得ている政党の数の多さではなく、ドイツの政党システムにおける保守主義や自由主義という軸が浸食されるか、あるいは崩壊すらしてしまったということのほうだった。国民党（ＤＶＰ）、民主党（ＤＤＰ）、そして最終的には国家国民党（ＤＮＶＰ）も有権者から見放され、ヴァイマル共和国の議会主義がもつ機能的な統合力が決定的に弱まり、最終的に麻痺状況を招いたのである。

こうした状況をふまえれば、現在ドイツにおいて観察される政党システムの変化は、大いに憂慮されるべき状況とまではいえないものの、批判的で歴史的な知見をきちんとふまえたまなざしはもっておく必要がある。黙っていても国民政党が多くの票を得られた時代は過去のものとなった。かつての西ドイツの、明快で安定性を保障する〔ＣＤＵ／ＣＳＵ、ＳＰＤ、ＦＤＰによる〕三党体制は完全に過去のものである。それに代わって現在ドイツに起きつつあるのは、多極化した多党制システムの新たな形態への移行であり、これはヴァイマル共和国にもみられたものだ。これによって連立政権の形成が困難となり、中道政党による大連立への誘惑が高まるため、周縁的な人びとを統合する力が弱まる。もちろんこの移行は、民主主義が息づいているということの現れでもある。これによって変化が可能となり、変化を求める声が持続的なものとなれば、それが議会において代弁されるようになるからだ。

ヴァイマル共和国との決定的な違いは、議会において大きな勢力をもつ、過激な反体制政党が存在しないということだ。少なくともいままでの連邦共和国の歴史については、そのようなことがいえる。だからといって、これからもずっとそうである保証にはもちろんならないのだが。一九三〇年から一九三三年にかけて、かつて保守政党や自由主義政党に投票していた有権者は、ほとんどがナチ党に鞍替えした。本書でユルゲン・W・ファルターが行ったように、ナチ党と「ドイツのための選択肢」（ＡｆＤ）の有権者には構造的な類似性があるかと問われれば、多くのＡｆＤ支持者やその潜在的共感者は、侮辱されたと感じるだろう。その際もちろん彼らが見逃しているのは（もしくはあえて知ろうとしないのは）、一九三二年七月にナチ党に投票した三七％の有権者すべてが確信的な人種主義的ナチというわけではなかった、という点だ。事実はむしろその逆である。ナチ党が一気に勢力を拡大した一九三〇年以降、ヒトラーは、東部における生存圏のために戦争をするとか、ユダヤ人を「除去」するといったイデオロギー的な最終目標を声高に叫ぶことは控え、演説においてもほとんど言及しなかった。そこには、数百万人が失業状態にあるという危機的状況において、戦争や「ユダヤ人は去れ」

図8-1　1919年7月31日、ヴァイマルにおいて採択された「ドイツ国憲法」の生徒版。

といった主張によって有権者を動員することはできないという、周到に計算されたもくろみがあった。何百万人もがナチ党に投票したのは抗議や絶望、もはやほかに選択肢がないという感情ゆえであった。その限りでナチ党は抗議の国民政党であったが、ただしプロテスタントと中間層ミリューで平均以上に得票した政党であり、自らを政治的なメシアとして演出することに成功したヒトラーを「総統」として擁していたのである。

こうした中道の過激主義とでも呼びうる現象に類することが連邦共和国で起こるはずがない、という考え方には問題がある。ベルテルスマン財団の最近の研究が示すように、ＡｆＤに投票した人びとが必ずしも「ポピュリスト」や右派急進主義者だというわけではないとしても、そのような投票行動がもたらしうる影響について何も問題がないというわけではない。急進的なスローガンや民主主義に敵対的な目標が、政党や言説の一部としてひとたび受容されると、プロパガンダとして過激化することで大衆を動員しようとする傾向は、社会の周縁に位置する人びとにとってごくふつうのものとなる。この点でＡｆＤは、格好の例を提供している。すでにこの党は、急進的反対派というカリスマからその生命力を得ている。そしてこのカリスマをつねに確認すると同時に繰り返しその真正さを証明しなければいけないという焦燥は、さらなる急進化を自ら生み出す原動力となっている。同様のことが、二〇一六年一二月の同党の戦略文書にも書かれている。この文書によれば、「周到に計画された挑発行為」によって、他の政党が神経質で不公平な反応をするように仕向ける必要があり、ＡｆＤが彼らから烙印を押されれば押されるほど、「党のプロフィールにはよい結果をもたらすことになる」という（二〇一六年一二月一九日の『フランクフルター・アルゲマイネ新聞』記事より）。

さらに右方向へと急進化することはあまりなさそうだと現在では考えられているが、だからといって将来もずっとそうだという保証があるわけではない。というのも、今後経済危機が長引き、失業率が高い状態になった場合、果たしてドイツの有権者がどのように対応するかは誰にもわからないからだ。その意味で、最近連邦憲法裁判所がドイツ国家民主党（ＮＰＤ）非合法化をめぐる裁判で判決の根拠として述べたことには、違和感がある。[†1] 判決によればＮＰＤはたしかにナチ党と本質的に類似しており、「計画的に、かつ十分な強度をもって」自由で民主的な基本秩序を除去しようとしている。「しかしながら」そうした意図に対応する行動が「成功する」だろうという「重要かつ具体的な根拠」に欠ける、というのである。

ヴァイマル共和国にはたしかに、左派の過激主義的で暴力的な、民主主義の敵が存在した。共産党は、自由を保証する「ブルジョア」民主主義と「ファシズム」とを明確に区別して分析する用意もなかったし、そもそもその能力もなかった。資本主義と帝国主義に対する闘争という理解から、共産主義の理論やプロパガンダはこの二つを一緒くたにしていたのだ。たしかに共産主義者は、ヴァイマル国家を転覆させるという彼らの目標を達成できるような状況には、近づいたことすら一度もなかった。しかしそれによって、民主主義的な勢力は弱体化した。これにあてはまるのはとくに社会民主党であり、彼らは「労働者の裏切り者」呼ばわりされるのが通例であった。ドイツの労働運動の架橋しがたいほどの分断は、一九一八年末から一九二〇年にかけての内戦にも似た血まみれの戦いのなかでさらに強固なものとなり、ヴァイマル民主主義に大きな負荷をかけることとなった。こんにちのわれわれの状況は、そうしたものとは大いに異なっている。たしかに統一ドイツは、左翼党が政党として存続するという状況に慣れなければならなかったし、その一部には別の共和国を志向する動きもみられるが、全体として自由主義的・民主主義的な基本秩序を危機にさらすような好戦的な存在ではない。

民主主義における政治勢力はつねにメディアを通してはたらきかけを行うし、過激主義の勢力もそれはまったく同じである。メディアの状況は、政治的・文化的な時局をめぐる論争において、つねに焦点となる。その際の議論はたいてい近視眼的で、その時々の政治状況や経済状況に左右される。たとえばかつてインターネットは、「あらゆるメディアのなかで最も民主的なもの」であり、しばしば民主化の文化的な担い手として称揚された。もっとも、現下のポピュリズム的な傾向を目の当たりにして以降そうした民主主義的ユートピアという言説は消え去っており、むしろこれを憂慮する声のほうが圧倒的に多い。イデオロギーに満たされた「エコーチェンバー」〔第3章参照〕が陰謀論的な憎悪を拡散させ、馬鹿げたフェイクニュースの反響のなかで、それが絶えず確認されると同時に、政治的な「主要メディア」の影響力減退も確認できる。間違いなく、政治的公共圏は見通しにくいものとなった。政治的公共圏はデジタル化が訪れるよりも前の時代と比べて、構造がわかりにくくなっているし、ましてや旧西ドイツ時代と比べればなおさらで、そうした公共圏のなかで方向性を得ることは以前よりも手間がかかることになってきている。だがこのプロセスの技術的な次元についてはさておき、それ以外の点についていては、こんにちの状況とヴァイマル時代の政治メディア文化はきわめて類似している。文章と写真しか載せられない印刷物という、当時の技術的限界はあったが、そこにはきわめて多様な政治的立場やイメージ、要求が存在した。全体を包括する主要メディアは存在せず、ウーテ・ダニエルが示したように、新聞は党派によって著しく分断されており、それはミリューの境界に沿ったヴァイマル政治文化の分断を反映していた。また、規模の大きい新聞だけでなく、規模の小さな数千の新聞が存在しており、そうした新聞は一回限りの発行で終わってしまうことも、珍しくなかった。こうしたシーンで活躍したのが、自由主義左派、生活改革運動[†2]、左派急進主義、そしてとりわけ民族至上主義・人種主義のグループであった。彼らはそこで独自のゆがんだメディアと「エコーチェンバー」を生み出した。そこは、政治的憎悪や暴力の妄想、部分的な真実や完全なつくり話（まさにフェイクニュース）のごった煮であふれていた。一九二八年にナチ党がひとつの国民的勢力となり、自らの宣伝組織によって巨大なメディアの「エコーチェンバー」へと躍進する前は、ナチ党も本質的にはそのような瑣末な存在でしかなかった。こうしたことを考えると、われわれの民主主義的な現代文化の安定性を保証しているのは、憎悪のプロパガンダであれ、インターネットであれ、語られた言葉であれ、それに対する敏感さがある程度存在し、刑法による対応も徐々に行われるようになってきているという点にあるといえる。

「ヴァイマル状況」とそこから生じうるアクチュアリティについて考えをめぐらせる際、われわれがつねに考慮に入れなければならないのが、経済・財政状況である。ヴァイマル共和国は経済的に過重な負担を強いられた、まさに過大な要求を課せられた民主主義であったという点はしばしば確認されるし、本書でもヴェルナー・プルンペが扱っている。あまりにも多くの人びとにとって、一九一四年以降の戦争、戦後、インフレーション、世界恐慌の嵐は、社会的下降をもたらすものだった。脆弱な資本主義経済の諸条件のもとで経験した運命的な出来事の連続によって、多くのドイツ人の人生計画が阻害され、あるいはそれどころか破滅させられた。「正常」な生活とまともに機能する私的空間への集団的な希求が一九三三年以降広がっていったが、これはナチ体制の社会的な原動力として、大きな影響力があった。「世界史的に見れば束の間ではあるが、われわれの試練を受けた世代はふたたび平常の生活を与えられたかのように見えた」[†3]。シュテファン・ツヴァイクは、一九二四年から一九三〇年にかけての「よい」ヴァイマル期の雰囲気について、そう書いている。正常さの意味するものとは、適切な収入が得られる仕事、つつましい家、家族をつくることができる可能性、一定の消費財が手に入れられることであった。そして、ヴァイマル共和国において、ささやかな個人的な幸せに対するあまりにも多くの希望が打ち砕かれたことは、共和国の運命にとって致命的であった。これに、著しい社会的不平等が加わった。これは社会政策によっても克服することが不可能であった。共和国はたしかに高い社会政策上の目標を掲げたけれども、それによって喚起された希望を満たすだけの財政的な能力が欠けていたことは、よく知られている。それゆえ、ヴァイマルの社会政策は国際的に比較すれば高い野望をもつ「近代的」なものであったが、実際に生み出したのは多くの失望であった。

そうした「ヴァイマル状況」をこんにちにおいてふたたび見いだすことは難しい。それでも、警戒を怠らないことは必要である。強まっていく一方の国際的な市場経済において、社会的不平等が強まり、機会の分配が徐々に不平等になってきていることはしばしば確認され議論されるが、警戒が必要なのはその点だけではない。たしかに統計上の数字からみればそうした傾向は事実ではあるものの、社会的不平等の規模においては、ヴァイマルの戦間期の状況に匹敵するものとはいえない。当時よりもむしろ大きな課題は、おそらく別の点にある。つまり、それ以外に選択肢がないと喧伝されている競争社会がもたらす結末である。ここ数十年来労働世界においては、可能な限り個人としての能力を自分の努力によって高め、それを職業世界のために提供することが、個々人に求められている。自己発展と創造性は、こんにち労働市場における商品となってきているが、それを被雇用者に要求するのが、現在では支配的な風潮である。生涯学習、労働市場における流動性と柔軟性は、「知識社会」の重要な要求となりつつある。こうした傾向をどのように評価するかは、人によってさまざまであろうが、それが目標としているのは、拘束や伝統、個人的忠誠から解放された、自立した、市場にいつでも参入する用意がある、労働する個人である。そうした個人はつねに、自らの労働力に投資するとともに、そうした投資のリスクを引き受ける用意がなければならない。働く人間に対するそうしたきわめて高度な水準の要求が、理論的に喧伝され、実際にも求められているわけだが、それと同時に社会的不平等も広がりつつあり、現状はその両者が不均衡な状態にある。

いくつかのヨーロッパ諸国やアメリカにおける選挙結果をみるに、こうした傾向に対する根深い集団的な不信感が広まっている。グローバル化のなかでつねに競争しなければいけないということを、何度も何度も思い起こさせられるということは、大部分の有権者にとって苦痛なことであり、経済的には決して状況が悪くない人びとにとっても、それは苦痛であるように思われる。

もちろんこれは特殊ドイツ的な状況というわけではないし、その限りで、「ヴァイマル」がわれわれドイツのこんにちの状況にとってどれほどアクチュアルなものでありうるかという問いの範囲を、すでに超えてしまっている。それゆえここでは、ヨーロッパにおけるドイツ民主主義の位置づけについて問いを投げかけて本章の終わりとしたい。本書でエレーヌ・ミアル＝ドラクロワが適切にまとめたように、「外からのまなざし」は、少なくともひとつのことを明らかにする。われわれドイツ人は、自分たちが何らかの意味で特殊であるという意識をもつ必要は、そもそもまったくないということだ。国際的に比較すれば、ドイツの民主主義は安定している。それを代表する機関は尊重されている。政府による政策には連続性と予測可能性があり、それは政権を担当する政党が変更しても変わることがない。国際関係においてこれはドイツの威信や影響力となって現れ、連邦共和国はこれを利用することができる。平和とコミュニケーション、調整をつねに追い求め、現状に満ち足りたヨーロッパの中心に位置する大国としての国際関係におけるドイツの重要性は、こうした政策の理念的基盤に対する国内の圧倒的多数からのコンセンサスを得ている。つねに困難で争いがあり、国内の分断が深まる一方であったヴァイマルの外交政策とは比べようもない。いかに外交政策が「ヴァイマル状況」を分極化させたか（それは一九二二年の外相ラーテナウの政治的暗殺にまでつながった）を考えれば、両者の違いは明らかであろう。

このようにみてくると、ヴァイマル共和国の失敗はヨーロッパ規模、あるいは西洋世界全体という規模で考える必要があることがわかる。自らがもっていた自由を棒に振り、途方もない結末を招いてしまった民主主義としてのヴァイマルの記憶は、不吉な前兆としてこれからも残り続ける。自由が危機に瀕し、自らを危機に陥らせることの教訓として、今後も存在し続ける。しかし、連邦共和国が成熟した民主主義を成し遂げ、それを正統化するためにあえてヴァイマルのネガティブな側面を引き合いに出す必要もなくなった現在、共和国の失敗の歴史的記憶をそろそろヨーロッパの次元で考えてもよいのではないだろうか。そこにはとりわけ、歴史において自明であるということは何ひとつなく、まったく予期しないことがつねに突然起こりうるという認識も含まれる。たとえば一九三三年初頭の雰囲気はどのようなものだったのだろうか。「民主主義国家に対するナチの激しい攻撃は撃退された」。当時の『フランクフルト新聞』にはそう書かれている。そしてほぼすべての民主主義的な新聞の論説は、最悪の時期は過ぎ去り、ドイツの民主主義は強化されたという見解で一致していたのだ。

われわれは、どのように政治的に行動するのが正しいのかについての指示を得るという、直接的な意味で歴史から学ぶのではない。ベルリンとヴァイマルには大きな距離がある。しかし過去においても現在においても、政治的な警戒を怠らない必要があることを、ヴァイマルはわれわれに警告している。

（アンドレアス・ヴィルシング）

†1　二〇一七年一月一七日に連邦憲法裁判所が下した判決。極右テロ組織である国民社会主義地下組織（NSU）をめぐる騒動を受けて、二〇一二年一二月、連邦参議院は諸州の意向を受け、NPDの非合法化を求めて連邦憲法裁判所に提訴することを決定し、翌年から公判が始まったが、本文で述べられている理由からNPD非合法化は見送られた。

†2　生改革運動とも呼ぶ。世紀転換期にとくにドイツとスイスでさかんになった運動で、都市化や工業化に反発し、自然への回帰を理念として掲げたさまざまな運動。自然療法、菜食主義、裸体運動（ヌーディズム）などを含む。民族主義的な郷土イデオロギーと接点が多く、そのため民族至上主義と密接な関係があった。

†3　シュテファン・ツヴァイク、原田義人訳『昨日の世界　2』みすず書房、一九六一年、四六九頁。

ヴァイマル共和国略史

本書は、ドイツの高級紙『フランクフルター・アルゲマイネ新聞』に連載されたエッセイを編纂したものである。ここでは、日本の読者、とりわけ初学者に向けて、ヴァイマル共和国の歴史を時系列的に記しておくことで、本書を理解するための一助としたい。

「誰からも愛されなかった共和国」

ヴァイマル共和国（一九一八／一九〜三三年）は、当時「世界で最も民主的」と呼ばれた憲法をもつ共和国であった。しかし、この共和国は、ドイツ帝国（第二帝政）の第一次世界大戦敗北と崩壊の産物であり、積極的な共和国支持勢力のもとに誕生したわけではなかった。それゆえヴァイマル共和国は、「即興のデモクラシー」とか「誰からも愛されなかった共和国」などと呼ばれてきた。とはいえ、敗戦直前ではあるが、一九一八年一〇月に帝国議会多数派の支持を得たマックス・フォン・バーデン内閣が誕生し、「一〇月改革」と呼ばれる議会主義化の試みが進められ、その延長線上に共和国が誕生したことは見逃してはならない。

共和国誕生の直接のきっかけは、敗戦と革命である。一九一八年一一月三日のキール軍港における水兵の蜂起をきっかけに、ドイツに兵士と労働者の革命が広がった（「一一月革命」）。各地に労兵評議会（レーテ）という統治機関が生まれるとともに、諸邦で国王が退位していった。こうした革命の波を収束させるため、ドイツ社会民主党（ＳＰＤ）は、一一月九日に共和国の樹立を宣言し（ドイツ帝国皇帝ヴィルヘルム二世はオランダに亡命）、翌日に「人民代表委員会」という暫定政府を発足させ、一一日に休戦協定に調印した。この過程で社会民主党は、最高軍司令部および官僚団と妥協して秩序の維持を優先した。それは、軍部と官僚が保守的なまま温存されたことを意味した。「皇帝は去ったが、将軍たちは残った」といわれるゆえんである。これとともに、経営者連盟と労働組合の妥協も成立し、八時間労働制などを含む「中央労働共同体」協定が締結され、労使の政治的な対立も緩和された。

こうした妥協に満足しない急進派は、一九一九年一月一日にスパルタクス団を中心にドイツ共産党（ＫＰＤ）を創設して「一月蜂起」を起こしたが、社会民主党は、軍隊と各種志願兵部隊を使ってこれを鎮圧した。こうした経験は、共産党と社会民主党の対立関係を修復不可能なものにした。

一九一九年一月一九日、憲法制定のための国民議会選挙が男女普通選挙にもとづいて実施された。このときドイツ国民は、労働者政府の樹立でも旧体制への復古でもなく、議会制民主主義を支持した。社会民主党、自由主義左派のドイツ民主党（ＤＤＰ）、カトリック政党の中央党が圧勝し、この三党が「ヴァイマル連合」として政府を構成した（国民議会は政情不安定なベルリンを避け、ヴァイマルで行われている）。大統領にはフリードリヒ・エーベルト、首相にはフィリップ・シャイデマンが選出された（ともに社会民主党所属）。

民主党所属の法学者フーゴー・プロイスが起草し、八月に制定されたヴァイマル憲法は、男女普通選挙権、厳格な比例代表制、議会を基礎とした議院内閣制、直接選挙にもとづく大統領（第四八条で大統領には非常事態を想定した緊急命令権が与えられた）を規定していた。また政治的・市民的権利のみならず、国民の生存権・社会権を広く認め、前述のように当時世界で最も先進的な憲法となった。

危機の連続（一九一九〜二三年）

しかし、画期的な憲法を備えたとはいえ、そもそも政治勢力および国民のあいだにはいまだ帝政への郷愁が強く、敗戦から生まれた共和国の正統性は確固としたものではなかった。さらに新共和国の重荷となったのが、ヴェルサイユ講和条約の受諾である。

一九一九年六月二八日に調印されたヴェルサイユ条約により、ドイツはすべての海外植民地を没収され、国土の面積の一三％を割譲し、人口の一〇％（七〇〇万人）を失った。また、軍備の制限（参謀本部の解散、徴兵制の禁止、陸軍兵力一〇万人の制限など）、ライン川左岸の非武装化、オーストリアとの「合邦《アンシュルス》」禁止、そして多額の賠償金が課せられた。近年の研究ではヴェルサイユ条約は決して過酷なものではなかったとされるが、それでもドイツ国民に与えた心理的影響は多大なものであった。そもそもドイツ代表団は講和会議の審議に参加できなかったし、戦争責任もドイツに帰せられた（第二三一条）。まさにドイツにとってヴェルサイユ条約は勝者による「一方的命令《ディクタート》」であった。

こうして最初から重荷を背負わされた共和国は、一九二三年まで危機の連続であった。経済的には、賠償金の負担とともに、戦時の債務がインフレの原因となった。また、国内の反体制勢力が共和国を攻撃し続けた。たとえば一九二〇年にカップ＝リュトヴィッツ一揆という右翼のクーデターが起きたり、講和締結のシンボルであったマティアス・エルツベルガーや外相のヴァルター・ラーテナウが暗殺されたりした。

こうしたとき、軍および官僚の保守性が共和国にとってマイナスとなった。左翼の鎮圧には機能した軍がカップ一揆のときには動かなかったし、政治テロについて裁判官たちは、左翼には厳しい判決を下す一方、右翼には寛大さを示したのである。

共和国初期における危機の頂点が、ルール占領である。一九二三年一月、フランスとベルギーがドイツの賠償支払い不履行を名目にルール工業地帯を占領した。これに対しドイツ政府は「消極的抵抗」で応じたが、そのコストによりハイパーインフレーションに見舞われ、社会的不安も高まった。

危機のなか一九二三年八月に成立したグスタフ・シュトレーゼマン内閣は、「消極的抵抗」の停止を呼びかけ、連合国に対してドイツの経済状態と賠償支払い能力の調査を要求した。これを受け、翌年一月にアメリカの銀行家チャールズ・ドーズを委員長とする専門家委員会が設置され、二四年八月に採択された「ドーズ案」によって、賠償問題は、先送りというかたちではあるが一時的に解決された。また、二三年一一月の通貨改革によってインフレは鎮静化した。さらにこの間、ザクセンとチューリンゲンで成立していた共産党を含む左翼政権が解散させられ、バイエルンでのヒトラー一揆（ミュンヘン一揆）といった右翼の体制転覆の試みも挫折した。

相対的安定期（一九二四〜二九年）

一九二三年の危機を克服したヴァイマル共和国は、マルクの安定に伴う経済的発展により、二九年までしばしのあいだ安定期に入る。この期間は「相対的安定期」と呼ばれている。

選挙のたびにヴァイマル連合は票を失い、もはや多数派を形成できなくなっていたが、一九二四年以降、左右両極の政党が後退するとともに、君主主義的で大地主の利害を代表していたドイツ国家国民党（DNVP）が穏健化して度々政権に加わるようになった。さらに重要なのは、資本家の利益を代表していたドイツ国民党（DVP）が、シュトレーゼマンの指導力によって、共和国の政治的安定を支えたことである。

シュトレーゼマンは相対的安定期に長く外相を務め、その協調外交によってドイツの国際環境を改善させた。たとえば一九二五年のロカルノ条約によって、ドイツ西部国境の不可侵を約し、ヨーロッパにおける地域的集団安全保障の仕組みを築いた。これと並行して、二六年にドイツは国際連盟に加入した。こうした尽力により、シュトレーゼマンはフランス外相アリスティード・ブリアンとともにノーベル平和賞を受賞している。

一九二八年の選挙では、久しく野党であった社会民主党が伸長し、社会民主党から国民党までが参加するヘルマン・ミュラー大連合政権が成立した。このミュラー内閣のもと、「ヤング案」を通じた賠償問題の最終的解決が図られた。しかしヤング案をめぐっては右翼からの怒号が高まった。国家国民党は二八年に党首となったアルフレート・フーゲンベルクのもと、反共和国の立場を明確にしており、ナチ党を含む各右翼団体と協力して、反ヤング案闘争を繰り広げた。

こうしたなか共和国を襲ったのが、一九二九年の世界恐慌である。前述の「ドーズ案」は、相対的安定期における国際的な金融サイクルを形成していた。すなわち、ドイツはアメリカからの借款によって経済復興を進め、英仏に賠償金を支払い、それを元手に英仏がアメリカに戦債を支払うというサイクルである。このサイクルを断ち切ったのが、二九年一〇月のニューヨーク株式市場大暴落に始まる世界恐慌であった。同月に、外交的にも政党政治的にもヴァイマル共和国の支柱であったシュトレーゼマンが死去したことは、共和国の運命を暗示していた。

大統領内閣、そしてヒトラー政権成立へ（一九三〇〜三三年）

大恐慌のなか、失業者は膨れ上がり、労使対立も激化した。一九三〇年三月には失業者への給付金支払いをめぐって与党内の調整が失敗し、大連合政権が崩壊した。ヒンデンブルク大統領は中央党のブリューニングを首相に任命した。もはや議会の多数派形成は不可能となり、政権は議会にではなく、憲法第四八条にもとづく大統領緊急令に依拠して統治するようになった。こうしたブリューニング内閣以降の、議会ではなくもっぱら大統領の信任に依存した内閣を「大統領内閣」という。ブリューニングは経済危機を増税とデフレ政策でしのごうとしたが、それは事態を悪化させるばかりであった。

また、議会が空洞化し、現体制に対する国民の不満が高まるなか、共産党とナチ党といった左右の急進政党は党勢を拡大させ、街頭では暴力をともなう闘争が頻発した。

このののちパーペン内閣（一九三二年六月〜一一月）、シュライヒャー内閣（三二年一二月〜三三年一月）と続くが、いずれの「大統領内閣」も事態を収集することはできず、一九三三年一月三〇日にヒトラーが政権につき、共和国は終焉を迎えることになる。

（板橋拓己）

訳者あとがき

本書は、Andreas Wirsching / Berthold Kohler / Ulrich Wilhelm (Hg.), *Weimarer Verhältnisse? Historische Lektionen für unsere Demokratie*, Reclam, 2018 の全訳である。

原題を直訳すれば『ヴァイマル状況？　われわれの民主主義にとっての歴史的教訓』となるが、日本の読者により内容を伝えやすくするため、『ナチズムは再来するのか？——民主主義をめぐるヴァイマル共和国の教訓』と改題した。また、同様に読みやすさを優先し、もともと原著では第二章の位置にあったプルンペ氏の章の順番を入れ替え、第五章とした。

本書は、ヴァイマル共和国建国一〇〇年を前にして、二〇一七年四月から七月にかけてドイツのバイエルン放送と『フランクフルター・アルゲマイネ新聞』でメディアミックス的に展開されたエッセイシリーズをもとにしており、代表的な歴史家・政治学者七人が寄稿したものである。

本書のテーマは「ヴァイマル共和国の教訓」である。二〇一五年以降の難民危機を直接のきっかけとして、ヨーロッパ各国では排外主義的なポピュリズムが大きく高揚し、さまざまな選挙で躍進を遂げつつある。それは、戦後ヨーロッパでもっとも成功した民主主義体制のひとつとして評価されることの多かったドイツにおいても例外ではない。「ペギーダ（西洋のイスラーム化に反対する愛国的ヨーロッパ人）」のようなイスラーム系移民・難民の排斥を求める運動が、ドレスデンやライプツィヒなどドイツ諸都市で広がりを見せ、「ドイツのための選択肢」（ＡｆＤ）は二〇一七年の連邦議会選挙で一二・六％を獲得して第三党に躍り出ただけでなく、すべての州議会選挙で議席を獲得した。「人民の裏切り者」「嘘つきメディア」「民族共同体」といった、ナチ時代の遺物であり、「過去の克服」によってとうに歴史の一頁となったかに思われた用語が、ＳＮＳなどを中心に現実政治の文脈で叫ばれるようになったことも、社会に衝撃を与えた。なぜこのような過去の「亡霊」がよみがえってきているのか、もしかすると私たちはナチ体制が成立する前の時期であるヴァイマル共和国と似たような状況にあるのではないか。そうした疑念がここ数年人びとの間に去来しているのも、無理はない。

たとえばナチズム研究者である、ベルリン・フンボルト大学のミヒャエル・ヴィルト教授は、当時と現在の相似性として、以下の五つを挙げている。①現在は突撃隊のような組織的、全国的な団体は存在しないが、ＳＮＳによって一気に動員がかけられるような新しい状況が生じつつある。②ヴァイマル共和国においても、警察がナチ党や突撃隊に対して禁止措置など厳しい対策をとったときには、その勢力拡大は抑えることができた。一方でそれを緩めたり廃止したとき、彼らは一気に拡がっていった。警察や司法が法治国家維持のために果たす役割は、きわめて大きい。③ＡｆＤは人種主義的な暴力行為から距離をとろうとせず、むしろそれを些末なものと見せかけたり、容認したりしている。ナチ党がそうであったように、民主主義に敵対的な暴力から明確な距離を置かない政党は、もはや民主主義的な政党とは呼べない。ＡｆＤはナチ党ではないが、通常の右派政党ではない。④極右的な現象はこれまでも見られたが、これほどまでに急速かつ持続的な現象は新しいものだ。その背景にあるのは、自分たちは（難民によって）脅威にさらされているという感情である。ヴァイマル期には、共産主義が脅威とされ、それを排除するためならとナチ党に乗った人びとが少なくない。⑤ＡｆＤは、社会を一体的に捉え多数派の支持を獲得することを目標とせず、民族的に分断することを、今までにない政治的な勢いをもって目指している。誰がドイツ民族に属するのかは、もはや国籍ではなく民族や人種的基準によって決められるというのが彼らの主張である。社会の意図的な分断こそ、まさに今も当時もなされた社会への攻撃だ。[†1]

これはひとつの（優れた）例であるが、ヴァイマル共和国を参照しそこから何かを学ぼうという動きは現在も根強いものがある。しかしその前にひとつ考えなければいけない問題がある。そもそも、人間は過去の歴史から何らかの教訓を学ぶことはできるのだろうか。歴史とは、基本的に一回限りの出来事なのではないだろうか。たとえ似たような状況が繰り返し起こったとして、過去と現在ではそれを取り巻く文脈は大きく異なる。まして、ヴァイマル共和国やナチズムという百年近く前の出来事ならば、なおさらである。

しかも歴史的な比較が行われる場合、そこで参照される過去は現在との対照のためにしばしば単純化される。歴史学の大きな役割は、「私たちが現在使用しているものとは異なる用語法によっていかに問題が定式化され、処理され、概念化されたかを理解する」ことにある。過去を過去として捉える、つまり自らを「括弧でくくる」という作業こそが、本来であれば歴史研究者に第一に求められていることであろう。歴史が「教訓」というかたちで直接社会の役に立つことを求められた場合、そこにさまざまな落とし穴が存在することは、「皇国史観」などの歴史を振り返るまでもなく明らかである。安直な「教訓」や比較は、「偶然性」や当時ありえた別の方向性などに対する繊細さ、敏感さを抹消させてしまいかねない危険性を秘めている。†2 †3 †4

しかし、である。そこで立ち止まってよいのだろうか、という疑念も心をよぎる。過去を過去として理解するのが重要なのは明らかだとして、それではなぜ人びとはあえて過去を学ぶのだろうか。人びとが歴史を参照するのは、（純粋な興味関心という点をひとまず脇に置いておくとすれば）自分（たち）がどこから来たのか、どこに向かって進んでいるのか、いまどこにいるのか、つまり自分（たち）とは何者かを知るためではないだろうか。「時間の中に自分自身を位置づけていく」という、人間にとって根源的ともいえる営みに対して、「過去は過去、現在とは違う。安易に比較や教訓をいうべきではない」というだけで、（さきに述べた危うさや落とし穴はその通りだとしても）歴史学が社会から求められている役割や機能を果たせるのだろうか。歴史学（とくに外国史研究）が「ある種の選ばれし優秀な少数者向きの外国趣味」で終わってしまっては、多くの人びとの要請に応えることはできないのではないだろうか。†5 †6

かつて歴史学者の遅塚忠躬は『史学概論』において、次のように述べていた。「歴史学は、歴史から実用的教訓を得ることを目的としていない」が、「歴史学の成果を利用する人（一般読者）が歴史から何らかの実用的な教訓を引き出そうとする」ことは排除されないと[†7]。歴史学の社会的要請はそれとして認めつつ、しかしそのような危うい行為に研究者自身は手を出すべきではない、というものである。なぜなら歴史家の職分は、「みずから思索を重ねることを通じて読者を思索に誘うことにある」のであって、「歴史学は読者をどこかに誘導することを目的としていない」からだ[†8]。これはひとつの「妥協点」として理解できるし、また納得もできる。「歴史学が学問としての自立性を失わず、何らかの政治的目標に奉仕するような正当化の学問に陥らないためには[†9]」、こうした抑制的態度は必要不可欠なものだからである。

それでも疑問もある。歴史研究者がこうした抑制的態度をおおむね守っている一方で、専門研究者の手によるものではない歴史の「概説書」、「歴史の教訓」を語る本が、社会にはあふれている。研究者はそうした状況に対して何もせず、ただ傍観していてもよいのだろうか。より信頼性のあるかたちで、「教訓」について語る必要はないのだろうか。

またいうまでもなく、歴史とは過去と現在の絶えざる対話である。明示的に述べるかどうかはさておき、過去を考えることが現在にとってどのような意味があるのかという問いは、ほとんどの歴史研究者にとって切実な問題であろう。キャロル・グラックの「私にとって歴史することの意味は、過去をつかって未来のために考えることだと要約できる」という言葉も想起される。「近代史家は、現在に関係する問題を提起する一方で、よりよい未来をつくるために答えを探すのもまた事実だ[†10]」。

そうした問題意識を研究者自身がもう少しオープンに語ることも、人文学の社会的意義が問われるような現在の状況では必要なのではないだろうか。

こうして、歴史研究者と「歴史の教訓」との適切な関係という明確な回答を出すことのできない問題について、議論は尽きることがない。だが認識を一歩前に進めるためには、理論的な議論に終始するだけでなく、誰かがそれを実践する必要がある。そうした実践が（言い方は悪いが）「踏み台」となることではじめて、進むべき方向性も明確になるからだ。その意味で本書は、専門研究者が「歴史の教訓」という、ややもすると敬遠されがちであった領域へと一歩踏み出した、注目すべき一冊といえる。著者七人は、いずれもそれぞれの分野において著名な研究者である。現在とヴァイマル共和国の状況が似ているとされるさまざまな様態を「ヴァイマル状況」と名づけ、政治文化、メディア、政党システム、有権者、経済、国際環境、外国からのまなざしなど、多面的な視点から比較の妥当性を検討している。

本書を読めばわかるように、ヴァイマルと現在の類似ということについての筆者たちの意見はさまざまである。たとえば経済を論じたプルンペは、世界恐慌では、できたばかりの社会国家が失業問題に効果的に対応できず、そのことが大きな要因となってヴァイマル共和国が崩壊したのにたいし、リーマンショック後の世界金融危機では、社会国家がかなりの程度発展していたため、国家がそうした問題をそれなりに吸収することが可能になっていたことなどを挙げ、世界恐慌と世界金融危機を比較することの不可能性を主張している。政党システムについての章を担当したメラーも、ヴァイマル民主政の不安定さ、脆弱さと、現在のドイツ政治体制の安定性を対照的に語っている。他方、メディアについて考察したダニエルは、報道機関と政党・政治家の関係の近さと、それによって生ずる陰謀論、「体制メディア」「嘘つきメディア」といったポスト民主主義的な体制批判、あるいはメディアや世論が分断され、そのなかでそれぞれの陣営が「エコーチェンバー」によって、自分たちにしか通じない意見や感情を増幅させていく状況を、類似性として指摘している。

しかし、狭い意味での類似性が見られないからといって、そこから何も「教訓」が得られないということではない。プルンペは、危機的な時代における民主主義政府の課題について、メラーは国境を越えた政治の急進化についての「教訓」を指摘している。

過去から教訓を得ようとする行為は、強い主体性を伴う行為である。なにがしかの現状を問題だと感じ、それについて深く考えるために過去のある一断面を切り出してくる。何を問題と感じ、何をどのように切り取るか。その行為は「主体的」であると同時に、「恣意的」という疑念もつねにつきまとう。

しかしそれは、歴史学という営み全体についてもいえることでもある。無限に存在する過去のどこをどのように切り取り叙述するか。そこに、歴史研究者の主体性や個性が発揮される。無限に続く過去をそれ自体として扱うことが不可能な以上、何かを分析するためには、切り取るという行為自体は不可欠である。しかしだからといって、どのように切り取っても叙述しても自由ということにはならない。切り取り方や叙述の仕方の妥当性（そして、そもそも切り取ってきたものが「正しく」過去を反映しているか）は、厳しいチェックの目にさらされる。過去は「歴史家や社会が歴史を語るべく選択した物語の中に〔略〕隠れて存在する」[†11]。過去はたんなる「素材」であって現在の立場や必要性からそれを自分の好きなように「加工」してよい、ということにはならないのである。だがその一方で、それは「正しい解釈がひとつしかない」、ということでも必ずしもない。歴史に含まれている多様性、複雑さ、つまり歴史の「豊かさ」は、過去に対する多面的な視座を必要としている。狭い意味では研究者のサークル内で、広い意味では（ないしは理想的には）社会において共有されている「妥当性」の枠内において多様性が存分に発揮されてこそ、その「豊かさ」をすくい上げることが可能になる。歴史に限らずさまざまな問題について、多様な意見や願望、感情が交錯、衝突し、摺りあわされるなかで、「ここからここまでの解釈はありうる」という一定の「解釈の幅」が人びとのあいだで共有されていくプロセスが、安定して成熟した民主主義社会の基盤であるとするならば、「歴史の教訓」もそのひとつの格好の手段ということになるのかもしれない。そこで歴史研究者が果たすべき役割は、おそらく非常に大きい。

本訳書の構想が生まれたのは、二〇一八年一〇月、ツイッターのダイレクトメッセージ上でのことであった。日本ドイツ学会でシンポジウム「ヴァイマール一〇〇年——ドイツにおける民主主義の歴史的アクチュアリティ」(二〇一九年六月三〇日、法政大学市ヶ谷キャンパス)を開催するのにあわせ、日本でも何か出版企画ができないかという思いつきないし願望を小野寺がツイッター上で述べたところ、ヴァイマル共和国の歴史がもつアクチュアリティを論じた本として板橋が即座に提案したのが本書であった。わずか数時間のうちに、本書を翻訳しようという機運が二人のあいだでことのほか盛り上がり、ヴァイマル共和国を専門とする北村厚、今井宏昌、さらに亡命社会民主党に関する卒業論文を書き上げた狐塚祐矢の協力を得て翻訳を進める運びとなった。翻訳は「まえがき」、第一章を板橋、第二章を狐塚と板橋、第三章、第四章、「おわりに」を小野寺、第五章、第七章を今井、第六章を北村が担当し、監訳者である板橋と小野寺が全体のチェックを行った。また、巻末に板橋による「共和国略史」を追加した。翻訳にあたっては、できる限りわかりやすい表現を心がけたが、思わぬ誤訳や思い違いもないとはいえない。その責がすべて監訳者にあることはいうまでもない。

慶應義塾大学出版会と出版部の乗みどりさんには、出版を快くお引き受けいただいたのみならず、非常に丁寧な編集作業も行っていただいた。心よりお礼申し上げたい。

二〇一九年四月

監訳者を代表して　小野寺拓也

†1 Michael Wildt, Droht Deutschland ein neues 1933?, in: *Zeit Online*, 8.9.2018, https://www.zeit.de/wissen/geschichte/2018-09/chemnitz-weimarer-republik-nazizeit-vergleich-rechtsextremismus〔二〇一九年四月一七日閲覧〕

†2 ジョン・ロバートソン、野原慎司・林直樹訳『啓蒙とはなにか――忘却された〈光〉の哲学』（白水社、二〇一九年）、一八三頁。

†3 サム・ワインバーグ、渡部竜也監訳『歴史的思考――その不自然な行為』春風社、二〇一七年、四〇頁。

†4 小田中直樹『歴史学ってなんだ?』ＰＨＰ研究所、二〇〇四年、第二章。

†5 ワインバーグ前掲書、三四頁。

†6 同右、三五頁。

†7 遅塚忠躬『史学概論』東京大学出版会、二〇一〇年、四六頁。

†8 同右、四五二頁。

†9 小野寺拓也「コメント――歴史家が語るべき言葉」『ドイツ研究』50（二〇一六年）、六六頁。

†10 キャロル・グラック、梅﨑透訳『歴史で考える』岩波書店、二〇〇七年、一二頁。

†11 同右、三頁。

――第二次世界大戦末期におけるイデオロギーと「主体性」』（山川出版社、2012年）、ほか。

［訳者］

今井宏昌（いまい ひろまさ）

1987年生まれ。九州大学大学院人文科学研究院講師。東京大学大学院総合文化研究科博士課程単位取得退学。博士（学術）。専門はドイツ現代史。『暴力の経験史――第一次世界大戦後ドイツの義勇軍経験 1918～1923』（法律文化社、2016年）、ほか。

北村厚（きたむら あつし）

1975年生まれ。神戸学院大学人文学部准教授。九州大学大学院法学府博士後期課程単位取得退学。博士（法学）。専門はヴァイマル期からナチ期にかけてのドイツ外交史。『ヴァイマル共和国のヨーロッパ統合構想――中欧から拡大する道』（ミネルヴァ書房、2014年、日本ドイツ学会奨励賞受賞）、ほか。

狐塚祐矢（こづか ゆうや）

1997年生まれ。東京大学大学院総合文化研究科修士課程。成蹊大学法学部政治学科卒業。専門は欧州研究、ドイツ現代政治史。

ユルゲン・W・ファルター（Jürgen W. Falter）〈第 4 章〉
1944 年生まれ。マインツ大学研究教授（政治学）。2000 年から 03 年までドイツ政治学会会長。近著に *10 Millionen ganz normale Parteigenossen. Neue Forschungsergebnisse zu den Mitgliedern der NSDAP 1925-1945*, Stuttgart: Franz Steiner Verlag, 2016.

ヴェルナー・プルンペ（Werner Plumpe）〈第 5 章〉
1954 年生まれ。フランクフルト大学教授（経済史・社会史）。近著に *Das kalte Herz. Kapitalismus: Die Geschichte einer andauernden Revolution*, Berlin: Rowohlt, 2019.

ヘルフリート・ミュンクラー（Herfried Münkler）〈第 6 章〉
1951 年生まれ。ベルリン・フンボルト大学教授（政治理論）。近著に *Der Dreissigjährige Krieg. Europäische Katastrophe, Deutsches Trauma. 1618-1648*, Berlin: Rowohlt, 2017.

エレーヌ・ミアル゠ドラクロワ（Hélène Miard-Delacroix）〈第 7 章〉
1959 年生まれ。パリ゠ソルボンヌ大学教授（ドイツ現代史）。近著に *Willy Brandt: Life of a Statesman*, London/New York: I.B. Tauris, 2016.

［監訳者］
板橋拓己（いたばし たくみ）
1978 年生まれ。成蹊大学法学部教授。北海道大学大学院法学研究科博士後期課程修了。博士（法学）。専門は国際政治史。『黒いヨーロッパ——ドイツにおけるキリスト教保守派の「西洋（アーベントラント）」主義、1925 ～ 1965 年』（吉田書店、2016 年、日本ドイツ学会奨励賞受賞）、ほか。

小野寺拓也（おのでら たくや）
1975 年生まれ。東京外国語大学世界言語社会教育センター特任講師。東京大学大学院人文社会系研究科博士課程修了。博士（文学）。専門はドイツ現代史。『野戦郵便から読み解く「ふつうのドイツ兵」

[編者]

アンドレアス・ヴィルシング（Andreas Wirsching）
1959年生まれ。ミュンヘン大学（LMU）教授（現代史）、現代史研究所（IfZ）所長。ドイツにおける現代史研究を牽引する存在であり、ヨーロッパ現代史に関する著作多数。近著に、冷戦終焉後のヨーロッパを論じた *Demokratie und Globalisierung. Europa seit 1989*, München: C.H. Beck, 2015がある。また、ヴァイマル共和国に関しては、スタンダードな概説書・研究手引書である *Die Weimarer Republik. Politik und Gesellschaft*（Enzyklopädie Deutscher Geschichte 58), München: R. Oldenbourg, 2000（2. Aufl., 2008）を著している。

ベルトルト・コーラー（Berthold Kohler）
1961年生まれ。ジャーナリスト。1999年から『フランクフルター・アルゲマイネ新聞』の発行責任者。

ウルリヒ・ヴィルヘルム（Ulrich Wilhelm）
1961年生まれ。ジャーナリスト。2011年からバイエルン放送の代表。

[著者]

アンドレアス・ヴィルシング〈第1章、おわりに〉：編者紹介参照

ホルスト・メラー（Horst Möller）〈第2章〉
1943年生まれ。ミュンヘン大学名誉教授（近現代史）。1992年から2011年まで現代史研究所（IfZ）所長。近著に *Die Weimarer Republik. Demokratie in der Krise*, München: Piper, 2018.

ウーテ・ダニエル（Ute Daniel）〈第3章〉
1953年生まれ。ブラウンシュヴァイク工科大学教授（近代史）。近著に *Beziehungsgeschichten. Politik und Medien im 20. Jahrhundert*, Hamburg: Hamburger Edition, 2018.

ナチズムは再来するのか？
——民主主義をめぐるヴァイマル共和国の教訓

2019年6月20日　初版第1刷発行

編　者————アンドレアス・ヴィルシング
ベルトルト・コーラー
ウルリヒ・ヴィルヘルム
監訳者————板橋拓己・小野寺拓也
発行者————依田俊之
発行所————慶應義塾大学出版会株式会社
〒108-8346　東京都港区三田2-19-30
TEL〔編集部〕03-3451-0931
〔営業部〕03-3451-3584〈ご注文〉
〔　〃　〕03-3451-6926
FAX〔営業部〕03-3451-3122
振替 00190-8-155497
http://www.keio-up.co.jp/
装　丁————鈴木衛（写真提供：Das Bundesarchiv）
組　版————株式会社キャップス
印刷・製本——中央精版印刷株式会社
カバー印刷——株式会社太平印刷社

Printed in Japan ISBN978-4-7664-2606-9